JN240059

はじめに

「人生100年時代」において，老後期間はますます長期化していきます。そのような中，今現在は，老後の生計を支える手段として「公的年金」をあげる人が多いのですが，今後は，少子高齢化の中で公的年金制度を将来世代へと持続させ，給付水準も確保していくために，マクロ経済スライドによる調整も行われていきます。確かに公的年金は老後生活の柱であり基本となるものです。しかしながら，老後の生活のすべてを保障するものではありません。

したがって，これからは，老後の所得確保に向けて，公的年金だけでなく，企業年金や個人年金といった私的年金や貯蓄，さらには就労収入などを適切に組み合わせて自分の理想とする老後に向けて計画的に備えていく必要があります。

全国社会保険労務士会連合会では平成27（2015）年度より，社労士が公的年金に関する業務を行うにあたって，公的年金制度の意義・役割を改めて確認するとともに，企業年金や個人年金，さらには将来生活設計，老後資金の備え方といったところまでを含めて総合的な「年金と老後とお金」の知識を身につけるために「公的年金制度及び周辺知識に関する研修」を実施しております。これは，年金や老後所得確保についての広範囲な知識が今後必要となることから，企画・提案させていただいたものです。本書は，その研修内容をベースとしたオリジナルな書籍となっています。

また，本書は，できるだけ多くの一般の方々に読んでいただくために，できるだけ平易な言葉でわかりやすく解説しています。一方で，公的年金の周辺知識ということで，かなり広範囲まで解説しているため，概要中心となっている部分も含まれます。制度の詳細や例外的な扱いについては省略している箇所もありますので，一般の方におかれましては，個別の案件等については社労士等の専門家にご相談ください。

本書の構成については，第Ⅰ部では，公的年金の意義・役割を中心に課題にまで触れており，第Ⅱ部では，企業年金・個人年金といった私的年金を解説しています。また，第Ⅲ部では60歳までのライフプランの考え方，第Ⅳ部では老後に向けた必要知識とお金の話ということで60歳以降のリタイアメントプランや老後の所得確保・老後資金の備え方について触れています。

本書は，全国社会保険労務士会連合会の監修のもと，「公的年金制度及び周辺知識に関する研修」の講師陣及び修了者により執筆したものです。年金と老後とお金の話について，少しでも理解や関心を高めるために本書がいささかなりともお役に立つことができれば幸甚です。

2019年10月

全国社会保険労務士会連合会　社会保険労務士総合研究機構
公的年金制度及び周辺知識に関する研修制度構築PT
プロジェクトリーダー（編著者）
原　佳奈子

目　次

第Ⅱ部 私的年金―企業年金・個人年金

第Ⅲ部 ライフプラン―老後を考えるときはライフプランから

第Ⅳ部　老後に向けた必要知識とお金の話

公的年金
～意義・役割を中心に～

第１章　公的年金の意義・役割

Ⅰ　公的年金は保険であるということ

1　公的年金は保険制度

公的年金は「保険制度」です。このことは一般的にまだあまり認識されていないようです。老後への貯蓄の制度であるとの誤った認識が，公的年金制度への誤った理解へと繋がってしまっていることがあります。

では，どういうところから保険とわかるのでしょうか。

私たちが生活をしていくうえで，病気やケガ，失業や仕事中のリスク，障害や介護，死亡など，さまざまなリスクがあります。それらのリスクに対してすべて自分で備えるには限界があります。社会全体でリスクに備えるしくみが社会保障制度で，その中心となっているのが社会保険制度になります。社会保険制度は，保険の種類ごとに加入対象者が定められ，加入者が保険料を払うことで互いに支え合い，給付が必要となったときには給付を受けられるという仕組みです。公的年金はこの社会保険制度の１つであり，働くことができなくなった高齢者や一定以上の障害状態になってしまった人，さらには死亡した場合に残された遺族に対して所得を保障する保険制度です。

2　公的年金には老齢以外にも障害年金・遺族年金がある

公的年金に障害年金や遺族年金があることで，公的年金が保険であることが説明しやすくなります。配偶者を失ったときの生活費を補完する遺族年金，事故や病気により障害状態になったときの所得保障をする障害年金は，年齢に関係なく，もしものときの備えなので，加入しているということで安心感を抱くことができます。例えば，民間で言えば，火災保険や自動車保険なども同様で，実際に保険事故にあわなかったとしても「保険料を払って損した」とは思わないはずです。このように，公的年金は高齢者だけでなく，若い人達に対しても「もしもの時」の備えとして対応しているので若年層でも決して無関係ではないのです。

老齢年金に関しても，公的年金では，保険の支え合いの仕組みで一生涯支給される終身年金という形をとっています。自分で払った保険料に運用益を付加した総額を受給期間で受け取る貯蓄性の商品とは異なります。公的年金では「長生き」という事前にわからないリスクに対応している保険制度なのです。

もし，公的年金制度がないとしたら，親の老後を仕送りなどで支えたり，自分の老後を貯蓄等で全て自分自身で備えたりしなければなりません。長生きすることは喜ばしいことですが，一方で老後にかかるお金もそれだけ多くなります。公的年金制度があることで，長生きリスクに備えることになるため，今の生活を楽しむ余裕が１つ増えるといえます。

図表Ｉ部－１　公的年金は保険：３種のリスクに対応

公的年金は

リスク	公的年金の対応
自分が何歳まで生きるかは予測できない。（老後の貯蓄残高がマイナスになる長生きリスク）	老齢年金を終身で支給
いつ，自分が事故や病気などで障害状態になるかわからない。（働けなくなり，所得を失うリスク）	障害年金の支給
いつ，自分が亡くなってしまったり，子など家族がいる時に配偶者を亡くすかわからない。（所得を失うリスク）	遺族年金の支給

第１章　公的年金の意義・役割

Ⅱ 公的年金は終身年金

1 公的年金と貯蓄との違い

公的年金は人生のさまざまなリスクに対して全ての人が備えることができるように，公的な社会保険制度として国が運営している制度です。そして，高齢によって働くことができなくなり，生活をしていくうえで収入がなくなってしまうこともリスクの１つです。長生きすればするほど，無収入の期間が長くなればなるほど，老後の生活にかかるお金が増大するため，リスクも増えていきます。これを長生きリスクと呼んでいるわけです。

「年金がなくても，貯金をしておけば大丈夫」と思っている人もいるかもしれません。しかしながら，人間は「自分が何歳まで生きるか」を事前に予測することができません。そして，日本の平均寿命や平均余命はますます延びています。老後の生活がますます長くなっていくなかで，老後に備えて貯蓄をしていても，それを使い切ってしまう可能性があります。「人生100年時代」と言われますが，人生の終盤に経済的に困難な状態になってしまうことはいくら長生きできたとは言え悲しいものになってしまいます。

公的年金は，終身で（亡くなるまで）受給できる仕組みになっています。これによって，長生きして生活資金がなくなるというリスクに最低限備えることができるのです。そして，老後に公的年金があるということで，より安心して今現在を生活できるといえるのではないでしょうか。

図表Ⅰ部－2　終身で(生涯にわたって)受け取れる公的年金

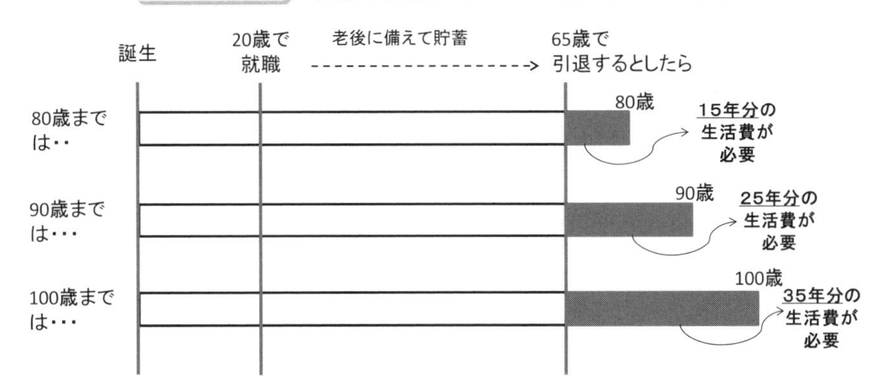

2　実質的な価値に配慮した年金の支給

公的年金は終身で給付を行うのが最大の特徴といえますが，それに加えて，その時々の経済状況・生活水準に応じた実質的な価値に配慮した給付を行っています。

40年後，50年後の物価や賃金の変動は予測することはできません。もしかすると，将来，インフレや賃金水準の上昇でお金の価値が下がり，貯蓄や個人年金保険などの実質的な価値が減少してしまうといったこともあるかもしれません。一方，公的年金では，受け取り始めるときの年金額が，その時点の現役世代の平均手取り収入額に対して何割か（所得代替率と呼びます）が考慮され，一定割合を給付しています。したがって，将来の年金額は日本経済全体の将来の姿（特に現役世代の賃金の伸び）に連動します。このように，公的年金は老後の生活を支えるために，その時々の経済状況に応じ実質的な価値が保障された給付を終身で行っています。

第1章 公的年金の意義・役割

Ⅲ 障害年金・遺族年金という保障

1 若年層も無関係ではない公的年金

公的年金は，リスクに備える「保険」なので，老後の生活を支えるだけではありません。病気や事故で障害を負った場合の生活や，万一死亡してしまった場合の家族の生活も保障します。したがって，若い人でも「もしもの時」には給付が受けられる制度ですので，大いに関係のある制度なのです。

2 障害年金・遺族年金と保険料納付要件

障害年金は，病気やけがで障害が残った時，障害の程度に応じて，認定を受ければ，年金を受け取ることができます。具体的には，原因となった病気やけがで初めて医者にかかった日（初診日）に加入していた公的年金制度によって，一定要件を満たせば障害給付は支給されます。自営業者などで国民年金に加入していた場合は障害基礎年金，会社員や公務員で厚生年金にも加入していた場合は障害厚生年金も支給されます。ただし，障害年金の対象となる障害の程度は，国が定めており，障害基礎年金は障害等級1級及び2級，障害厚生年金は障害等級1級から3級となります。

遺族年金は，現役期間と老齢年金受給期間中に，万一死亡してしまった場合に，残された遺族の生活を保障するために支給されます。特に子どもを残して亡くなった場合には残された配偶者に国民年金から遺族基礎年金が支給されま

図表Ⅰ部－３　公的年金の給付（主なもの）

	国民年金（原則20歳～60歳全員）	厚生年金（原則会社員・公務員）
老齢	老齢基礎年金	老齢厚生年金
障害	障害基礎年金	障害厚生年金
死亡	遺族基礎年金	遺族厚生年金

※それぞれ要件を満たす必要あり

す。

障害年金や遺族年金を受けるためには保険料を納めることが必要です。保険料を払わない期間（未納期間）が長くなった場合には，万一の時でも，障害年金や遺族年金を受給することはできません。現役時代の万一の場合に備えるためにも保険料をしっかり納めていることが必要です。皆で支え合う保険の仕組みであるからこそ，自分だけ参加しないで権利を得ることはできないこととなっています（障害年金・遺族年金の要件等詳細については第３章を参照）。

3　学生のうちは，学生納付特例の手続きをしておく

20歳になっても，学生などで保険料の支払いが困難な場合は，学生納付特例制度という保険料猶予制度があります。また，学生以外でも保険料の納付が困難な場合は，保険料免除制度や猶予制度があります。これらの手続きをしておけば，未納期間とはなりません。また10年以内に追納すれば，保険料納付済期間となります。万一のリスクに備えるためにも該当する場合は手続きをしておくようにしましょう。

第1章 公的年金の意義・役割

Ⅳ 社会的扶養の仕組み

1 公的年金は社会全体の支え合いの仕組み

公的年金は，保険であるため，社会全体の支え合いの仕組みとなっています。長生きリスクに対しては自分だけで老後に備えて貯蓄をしていても，それを使い切ってしまう可能性があります。自分で全て備えることは難しいし，また子や家族に援助してもらうこと，つまり扶養してもらうことについては，子や家族の経済的負担にもなり，また自分自身も子や家族に全て支えてもらうことに対して抵抗感をもつ人もいるでしょう。できれば，経済的に自立した老後を過ごしたいと考える人が現在では多いのです。そういったことから公的年金では，社会的扶養を基本とし，社会的な支え合いの制度となっています。つまり，公的年金制度は，働けなくなった高齢者や障害状態になってしまった人，一家の担い手を亡くした人などを国や働ける人が分担して支える仕組みです。公的年金がなければ，自分で全て親を養う必要が発生し，その分，老親のいる家族の負担が増えることになってしまいます。

昔は，大家族で暮らし，子どもの数も多く，年老いた親を子ども達で養うという私的扶養が中心でした。以後，子どもの数も減少し核家族化が進み，また経済成長の過程で，若者が会社員として大都市へ集中し親元を離れる世帯も増えました。そうなると急な仕送りなどの対応は困難になるなど私的扶養が難しくなります。このような社会の変化の中で，社会全体で高齢者を支える年金制度が整備されてきました。社会的扶養のもとでは，現役世代である子ども世代が保険料を支払うことで，親には国から公的年金という定期的な現金給付が行われます。

公的年金があるおかげで，現役世代は若い層も含め，年金の保険料を払えば，親の老後を昔のように個別に心配することなく自分の生活を送ることができるわけです。もし仮に，自分の親と，未来の結婚相手の親が公的年金保険料を未納していたらどうなるでしょうか？　公的年金を受給することができないため，自分達で一生涯，自分と配偶者の親の生活費の全てを養っていかなければならないということは想像しても大変なことだとわかってもらえるでしょう。

現役世代は，年金保険料を納めることで親の生活を心配することなく生活ができ，受給世代は，公的年金の給付があることによって，自分の子どもに過度な負担をかけず，経済的に自立した生活が送ることができるようになります。さらに言えば，公的年金を含む社会保険は防貧です。生活保護などの救貧はできないことになっています。

図表Ｉ部－４　私的扶養から社会的扶養へ

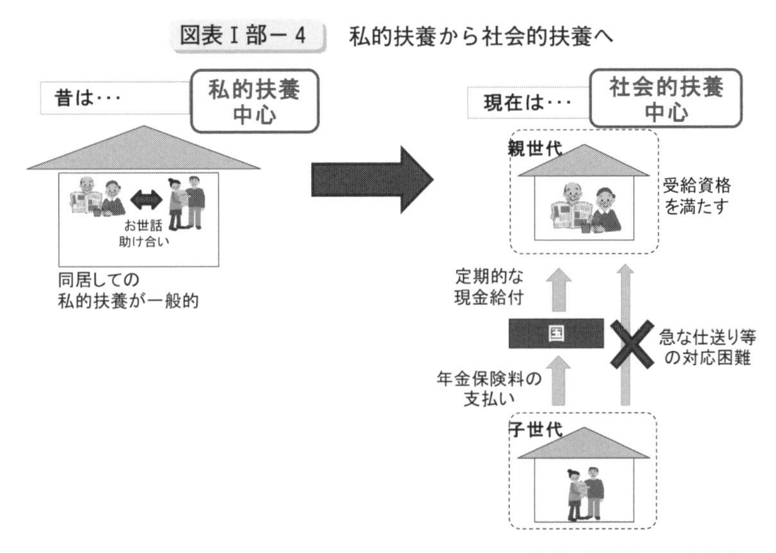

出所：厚労省HPより作成。

第１章　公的年金の意義・役割

Ⅴ 賦課方式とは

1 公的年金の財政方式は，賦課方式が基本

公的年金は，社会全体で高齢者を支える社会的扶養の仕組みですが，それを可能にしているのが「賦課方式」という財政方式です。賦課方式とは，そのときの現役世代の賃金からの保険料でそのときの受給世代の給付を賄う年金の財政方式です。現役世代からの保険料を財源とするため，給付時の物価や生活水準に見合った金額を受け取ることができるよう，つまり，物価や賃金の変動による実質的価値を維持した年金を支給することができるようにしています。現役世代から年金受給世代への仕送りに近いイメージです。今の現役世代が高齢になって年金を受給する頃には，今の子どもなどその下の世代がその時納めた保険料をもとに年金を受け取ることになります。安定的な老後の所得確保としての公的年金が果たす役割を可能にするためにも，日本の公的年金は，賦課方式を基本とした財政方式をとっています。

2 賦課方式と積立方式の違い

賦課方式とよく比較されるものに積立方式があります。

積立方式は，将来自分が年金を受給するときに必要となる財源を，現役時代の間に積み立てておく方式です。公的年金と異なり，自分で自分の将来に備える私的年金（個人年金や企業年金）などはこの積立方式となっています。積立

方式の特徴としては，現役時代に積み立てた積立金を原資とすることにより，運用収入を活用できるという一方で，インフレによる価値の目減りや運用環境の悪化があると，積立金と運用収入の範囲内でしか給付できないため，給付の削減が必要となってしまうなどが挙げられます。

一方，日本の公的年金の財政方式である賦課方式は，年金支給のために必要な財源を，その時々の保険料収入から用意する方式です。賦課方式の特徴としては，社会的扶養の仕組みであり，その時の現役世代の（賃金からの）保険料を原資とするため，インフレや賃金水準の変化に対応しやすい（価値が目減りしにくい）という点がある一方で，現役世代と年金受給世代の比率が変わると，保険料負担の増加や給付の削減が必要となる点などが挙げられます。

なお，賦課方式は，少子高齢化に弱いと言われてますが，少子高齢化の影響は積立方式でも受けます。少子高齢化で生産力が低下した場合の影響は，積立方式では低成長による運用悪化など市場を通して受け，年金としての価値が下がる可能性があります。

公的年金制度は，長い期間にわたって財政のバランスがとれるよう国が運営します。将来の給付の価値が下がらないためにもその時の現役世代の賃金水準に応じた財源からその時の経済状況に対応した給付を賦課方式により行っています。

第1章 公的年金の意義・役割

Ⅵ 少子高齢化への対応

1 年金財政の仕組み～2004年改正後

賦課方式では，現役世代が納める保険料をそのときの公的年金の主な財源としているため，少子高齢化が進み現役世代が少なくなると，公的年金の財源となる保険料収入が減少し，年金給付である支出とのバランスが取れなくなる可能性があります。そのようなことを防ぐために，以前は，５年に一度，給付に必要な保険料の将来の見通しを作成し，必要な場合には，その都度給付設計等の見直しを行ってきました。実際には保険料率の段階的な引き上げの再計算が行なわれてきました。

しかし，予想以上の少子高齢化の進行などを受け，平成16（2004）年に年金財政の枠組みが抜本的に改正され，①保険料負担の上限を定め，②基礎年金国庫負担（税財源）の割合を２分の１へ引上げ，③年金積立金を活用して年金財政の収入を固定しました。これにより，現役世代の保険料負担が際限なく重くなっていくことは避けられたわけです。そして，④固定された財源の範囲内で給付水準を自動的に調整する仕組み（マクロ経済スライド）が導入され，給付と負担の均衡が図られる財政方式に変わりました。これらの仕組みにより，現在の年金制度は，将来の少子高齢化の状況を組み込んだものとなっています。

図表Ⅰ部－5　平成16（2004）年改正による年金財政のフレーム変革

2004年改正により、将来の保険料率を固定し、その固定された財源の範囲内で給付水準を自動的に調整することで給付と負担の均衡が図られる財政方式に変わった。

① 上限を固定した上での保険料の引上げ

② 基礎年金国庫負担の2分の1への引上げ

③ 積立金の活用

④ 財源の範囲内で給付水準を自動調整する仕組み（マクロ経済スライド）の導入

出所：厚労省HPより作成。

公的年金制度では，５年ごとに，人口や経済，雇用の動向などの最新の前提をもとに，長期にわたって給付と負担のバランスがとれているかを確認する「財政検証」が行われています。これは，公的年金の「定期健康診断」とも言われています。このような仕組みを通して少子高齢化に対応していくために細かくチェックしていますが，将来世代に向けた給付水準の維持に向けて，社会や経済の状況の変化に応じた制度の見直しは継続的に行っていく必要があります（第４章のⅠ参照）。

2　給付の調整を行うマクロ経済スライド

マクロ経済スライドによる給付の調整は，公的年金の額が賃金や物価の変動に応じて改定される毎年４月に行われることになっています。現役世代（公的年金被保険者）の減少と年金受給者である高齢者の増加（平均余命の伸び）を反映させ年金額の調整を行います。マクロ経済スライドが発動されると，賃金・物価の伸び率から「スライド調整率」を引いた率で年金額を改定することになります。なお，現在の制度では，名目下限額を下回らない範囲で行うなど実施には一定の要件があります（第４章のⅢ参照）。

第1章　公的年金の意義・役割

Ⅶ 年金積立金があることの意味

1 年金積立金とは

日本の公的年金の財政は，賦課方式を基本としています。そのため，年金給付を行うために必要な資金を，事前にすべて積み立てておくわけではありません。しかし，図表Ⅰ部－5でみたように，日本の年金制度には過去の保険料のうち使われなかった分を積立金としてもっています。そして，平成16（2004）年改正で，概ね100年間の財政均衡を図る方式とされ，財政均衡期間の終了時に給付費1年分程度の積立金を保有することとされました。5年ごとに行う財政検証時において，そのつど100年かけて積立金を活用していく想定をし，将来世代の給付に充てることとしています。

具体的には，予測が難しい今後の社会経済状況のなかで，ショックとなるような有事が起きた場合に保険料収入が急激に減少してしまう事態に備えて，年金積立金で給付を賄うためにいったん立て替えることで，給付を継続的に行うことができるようにしています。とはいっても，およそ100年先までの給付総額でみると積立金の割合は1割程度です。

積立金は，年金積立金管理運用独立行政法人（GPIF）において，管理・運用されています。ただし，積立金は被保険者から納められた保険料の一部であり，将来の給付財源となることに注意して運用されなければなりません。積立金の運用は，被保険者の利益のために，長期的な観点から，安全かつ効率的に

図表Ⅰ部－6　少子高齢化の影響を軽減する年金積立金

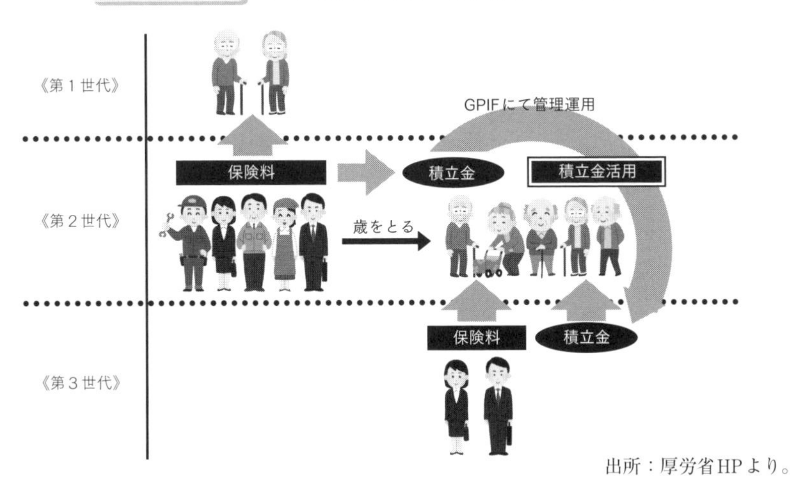

出所：厚労省HPより。

行われることになっています。

2 国庫負担がなされている意味

公的年金制度は，「保険料方式」です。保険料を納め，将来の年金受給に対する権利を積み重ね，また保険料を納めれば納めるほど給付額も多くなります。反対に，保険料を納めなければその分年金額が減ります。一方で，公的年金においては，保険料収入に加え，積立金のほか，国庫負担（税金）も財源となっています。国が運営する制度であるからこそであり，基礎年金の半分に税金が投入されています。また，国庫負担分により，低所得の人が保険料を払うのが困難な場合の免除制度があります。該当する場合は手続きを取っておくことが重要です。

3 経済成長と所得移転

公的年金制度は，現役世代が生み出した富が高齢者へ移転する（所得再分配）という特徴があります。日本全体が経済成長すれば，将来生み出す富が増え，その一部が将来の高齢者である今の現役世代に分配されるわけです。したがって，経済が活性化していくことは年金制度の持続性においても重要になります。

第２章　公的年金制度への誤解を解くために

Ⅰ　未納が増えても年金は破綻しない

1　年金保険料の未納と制度の関係

「公的年金は賦課方式なのに，保険料を未納している人が多いから制度は破綻してしまうのではないか」という話が未だに聞かれることがありますが，これは誤解です。まず，ここで言っている保険料は国民年金の第１号被保険者（自営業者等で国民年金のみに加入している人）の保険料のことです。厚生労働省の発表によると，国民年金保険料の納付率（平成30（2018）年度分）は68.1%ということで，前年度よりは上昇した値となっています。この納付率を聞くと，「国民全体の30%以上が公的年金の保険料を納めていない」と誤解を生んでしまいがちですが，この中に，第２号被保険者（会社員・公務員）や第３号被保険者（第２号被保険者の被扶養配偶者）は入っていません。

公的年金の加入対象者は全体を見ると，約6,700万人います。そのうち約4,400万人の第２号被保険者は厚生年金と同時に国民年金にも加入しています。その人達は，それぞれの制度を通じて国民年金の分も含めた保険料を給与から払っています。実際に未納となっているのは，全体のうち第１号被保険者の部分のみで，保険料の免除や猶予の対象者を除くと，制度全体に占める未納者の割合は，５%にも満たない（約２%）ことになります。このため，第１号被保険者の未納があるからといって，公的年金制度が破綻するわけではありません。未納者がいれば保険料収入は減ってしまいますが，その分，年金積立金を一時

図表Ⅰ部－７　公的年金制度全体の状況

○　公的年金加入対象者全体でみると、約９８％の者が保険料を納付。（免除及び納付猶予を含む）
○　未納者（注1）は約１３８万人、未加入者（注2）は約９万人。（公的年金加入対象者の約２％）

≪公的年金加入者の状況（平成３０年度末）≫

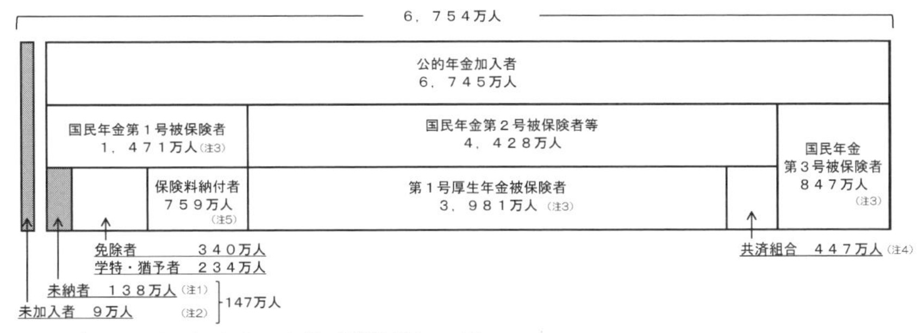

注１）未納者とは、２４か月（平成２９年４月～３１年３月）の保険料が未納となっている者。
２）平成２８年公的年金加入状況等調査の結果（推計値）。
３）平成３１年３月末現在。国民年金第１号被保険者には、任意加入被保険者（１９万人）が含まれている。
４）平成３０年３月末現在。共済組合は、第２～４号厚生年金被保険者。
５）保険料納付者の人数は、国民年金第１号被保険者数から未納者数、免除者数及び学特・猶予者数を単純に差し引いて算出したもの。
６）上記の数値は、それぞれ四捨五入しているため合計とは一致しない場合がある。
７）平成３１年３月末現在、国民年金第２号被保険者等、国民年金第３号被保険者である者の中には、 平成２９年４月～３１年３月の間に国民年金第１号被保険者であった者で未納期間を有するものが含まれている。

出所：厚生労働省年金局・日本年金機構「公的年金制度全体の状況・国民年金保険料収納対策について（概要）」(2019年６月27日）より。

的に取り崩して賄います。未納となった保険料の分は，将来，その人には給付されませんので，長期的に見た場合，年金財政への影響もほとんどありません。

2　年金保険料の支払義務と未納対応策

国民年金保険料の納付は法律上払うことが義務付けられています。最近では，一定の所得があるのに納付していない人に対しては強制徴収等が行われています。一方で，コンビニ納付やクレジットカード納付が導入されるなど，さまざまな対策がとられています。さらに保険料納付が困難な人に対しては，免除制度や猶予制度があります。

未納していると将来無年金や低年金となり，生活に困ることとなってしまい，支える家族の生活も苦しくなってしまいます。また，若い時に障害状態になってしまった場合にも年金が支給されません。年金財政に影響がなかったとしても，国民年金（第１号）の保険料未納を改善するための対策は必要です。

第2章 公的年金制度への誤解を解くために

Ⅱ 公的年金を金銭の損得で考えない

1 公的年金を損得で語るべきではない理由

若年層からは，「自分たちの世代では，支払った保険料分が，将来受け取れる年金額では戻ってこない」という損得に関する声が聞かれます。

しかしながら，そもそも公的年金は貯蓄性の金融商品ではありません。利息がいくらついたかという制度ではなく，賦課方式のもと皆で支え合う社会的扶養を基本とする保険制度なのです。社会保障制度なので，本来，個人の支払った保険料の損得を考えるべきものではありません。

たとえ，もし仮に，年金を受け取る前に亡くなったとしても，少なくともそれまでは「老後は生涯にわたって年金を受け取れる」というプランをたてることができ，日々の生活を送ることができるといえます。このように，経済的な損得で考えるのではなく，社会保障制度の中の社会保険としての公的年金の役割である生涯にわたるさまざまなリスクに備える保険と考えるべきではないでしょうか。

例えば，会社員は健康保険の保険料を給与天引きで払っていますが，給付は，けがをしたり，病気になったりしなければ受けられません。これを損と思うかどうかです。いつ病気になるかはわからないですし，万一のことを考えると安心できるわけで，たとえ病気にならなかったからといって損だとは思わないでしょう。健康保険も公的年金も社会保障制度の社会保険です。保険料を払う意味が民間の貯蓄型の金融商品とは異なります。金額の損得だけに着目すると，制度の本質を見逃してしまう恐れがあります。公的年金は保険であり，老齢だけでなく，万一の際に備える障害年金や遺族年金もあります。保険料を払わないと，いざというときに，それらの給付も受け取れないことになります。

2　そもそも税金投入分を受け取らないのは損

また，あえて損得論で説明するならば，国民年金の年金額の半分は国庫負担，つまり，税金が投入されています。年金の保険料を払わないということは，日ごろ払っている消費税などの税金分も受け取れないということになるわけです。こちらの方が損といえるのではないでしょうか。

以上のように，公的年金はそもそも損得で話ができるものではありません。また，公的年金制度を損得で話すことは，社会保障制度である公的年金の理念や意義への理解から遠ざかってしまうことになります。

図表Ⅰ部－8　国民年金（基礎年金）の負担と給付

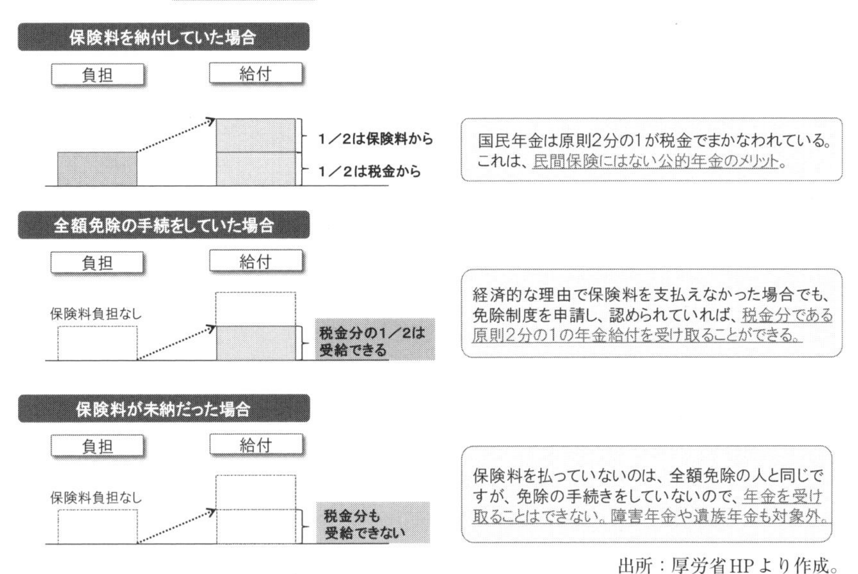

出所：厚労省HPより作成。

第2章 公的年金制度への誤解を解くために

Ⅲ 世代間の不公平は本当にあるのか

1 世代間の格差は本当にあるのか

公的年金については，一部の人から，現在の受給者と将来の受給者（今の現役世代）では，給付額に差があり，今の高齢者は受給額が高額なわりに，負担額が少ないのではないかという声が聞かれることがあります。確かに，今の高齢者が若い頃に負担した保険料は現在に比べれば低かったわけですが，その一方で年金の受給額は低い水準にありました。そのため，多くの人が自分の収入から親を扶養していました（私的扶養）。

現在は，保険料の負担額が以前より多くなっていますが，一方で親を個人的に扶養するための負担は減っています。公的年金制度（社会的扶養）に移行していったため，個人で親を扶養する負担は軽くなったわけです。年金給付額や給付水準だけで不公平とは言い切れないことになります。

さらに，今の高齢者が若かった頃は，現在に比べて，社会基盤が整っていなかったり，医療や物資が十分でなかったりなど，生活水準はかなり低かったわけです。そうした環境の中で産業やインフラなどをここまで発展させてきました。

今の若い世代は，生活インフラが整い，充実した教育や医療を受けることができています。その結果，生活水準が向上し，豊かな暮らしをしやすくなりました。このように前世代が築いた社会的資本から受ける恩恵が大きいといえま

図表Ⅰ部－9　私的な扶養から社会的な扶養への移行（イメージ図）

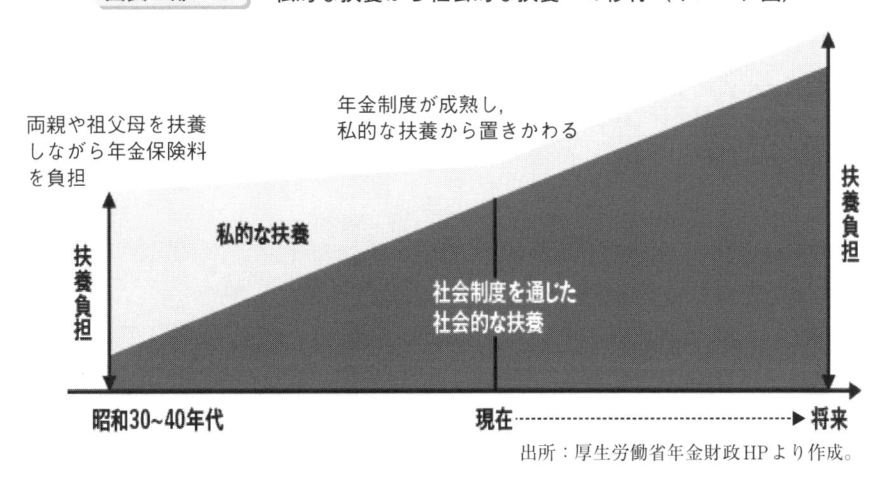

出所：厚生労働省年金財政HPより作成。

す。したがって，このテーマについて議論する際は，年金制度だけではなく，他のさまざまな要素を考慮する必要があります。

2　世代間不公平論は無意味な議論か

以上のように，支払った保険料と受け取る年金給付の関係だけを見て世代ごとに比較する議論は適切とは言えません。また，公的年金は社会保障制度であり保険なので，個人の支払った保険料をもとに損得を考えるべきではなく，誰が得かなどの比較をすることも適してはいません。

ただし，公的年金制度の持続性と給付の十分性の両方をできる限り実現していくために，今の受給者の年金給付水準を適正な水準に調整し，その分，将来世代（今の現役世代）の給付水準を確保していくようにするなど，若い人たちが抱く不公平感をなくしていくことは必要です。これについては，現在の仕組みの中でも，将来世代の負担が過度にならないよう保険料負担が上限で固定され，マクロ経済スライドによる給付水準の調整が行われており，世代間のバランスが大きく崩れないよう配慮されています。若年層の公的年金への正確な理解が何よりも求められるといえるでしょう。

第３章　公的年金制度の概要

Ⅰ　公的年金制度の加入

この章では，公的年金制度の概要についても抑えておきましょう。

公的年金制度は，老齢，障害，死亡の所得の減少などにより国民生活の安定が損なわれることを国民の共同連帯により防止し，健全な国民生活の維持・向上のための仕組みとなっています。公的年金制度は，国民年金と厚生年金保険の二階建ての仕組みです。国民年金は，原則日本に住む20歳以上の60歳未満の全ての人が加入する制度です。民間の会社員や公務員などの被用者年金制度加入者は，国民年金の上乗せとして厚生年金保険にも加入します。

1　国民年金の仕組み

１．国民年金の被保険者

国民年金は，被保険者の要件に該当すると本人の意思に関わらず被保険者になります（強制加入者)。この被保険者は，３つの種別に区分されます。

⑴　第１号被保険者

日本国内に住所のある20歳以上60歳未満の第２号被保険者または第３号被保険者でない人です。例えば，自営業者や学生などです。

⑵　第２号被保険者

会社員や公務員などの厚生年金保険の被保険者です。ただし，老齢基礎年金等の受給権のある人は，65歳未満に限ります。

⑶　第３号被保険者

第２号被保険者の被扶養配偶者で，20歳以上60歳未満の人です。被扶養配偶者の認定基準は，政府管掌の健康保険と同様で，原則年間収入が130万円未満（障害者は180万円未満）かつ第２号被保険者の年間収入の２分の１未満です。なお，令和２（2020）年４月より原則国内居住が要件に加わります。

２．任意加入被保険者

国民年金には，本人の希望により任意で加入できる制度があります。これを任意加入被保険者といい，65歳未満の任意加入被保険者と65歳以上70歳未満の特例任意加入被保険者があります。任意加入した期間は，第１号被保険者として加入します。

⑴　65歳未満の任意加入被保険者

任意加入被保険者となる目的は，老齢基礎年金の受給資格期間を満たすためと老齢基礎年金の年金額を増額するためです（上限480月まで)。市区町村（厚生労働大臣）に申し出た日に加入し，厚生労働大臣に申し出て資格喪失することができます。ただし，厚生年金保険の被保険者や老齢基礎年金を繰上げ受給している人は，任意加入することはできません。

①　日本に住所のある60歳以上65歳未満の人

②　日本国籍があり，海外に居住する20歳以上65歳未満の人

③　日本に住所のある20歳以上60歳未満の人で，厚生年金保険法から老齢年金等を受けることができる人

⑵　特例任意加入被保険者

昭和40（1965）年４月１日以前生まれの老齢基礎年金の受給資格期間を満たしていない人は加入することができます。

①　日本に住所のある65歳以上70歳未満の人

②　日本国籍があり，海外に居住する65歳以上70歳未満の人

3．国民年金の保険料納付

国民年金の被保険者は，毎月の保険料を納めなければなりません。国民年金の保険料を納付するのは第1号被保険者（任意加入被保険者を含む）だけで，第2号被保険者と第3号被保険者は個別に保険料を納付しません。第2号被保険者は，加入している厚生年金保険から第3号被保険者の保険料を含めて基礎年金拠出金として年金特別会計の基礎年金勘定に拠出します。

国民年金保険料は，平成16（2014）年法律改正の保険料水準固定方式により，毎年度280円を引き上げられていましたが，平成29（2017）年度で最終的な法定保険料（平成16（2004）年度価格水準で月額16,900円）となりました。平成31（2019）年度より国民年金の第1号被保険者に産前産後期間の保険料免除が施行されることにより，法定保険料額が月額100円引き上げられ，平成31（2019）年度以降の法定保険料額が月額17,000円となりました。実際に支払う国民年金保険料は，各年度の法定保険料に保険料改定率を乗じて算出されます。

付加保険料は，第1号被保険者（65歳未満の任意加入被保険者を含む）の希望により，国民年金保険料に上乗せをして月額400円を納める仕組みです。付加保険料を納めた月数に200円を乗じた額を付加年金として老齢基礎年金と合わせて受け取ります。保険料の免除を受けている人や国民年金基金の加入員は，付加保険料を納めることはできません。

国民年金の納付義務は，第1号被保険者です。第1号被保険者に所得がない場合は，世帯主や第1号被保険者の配偶者も連帯して保険料を納付します。

4．国民年金の免除と猶予

国民年金の第1号被保険者は，20歳以上60歳未満という長期にわたり保険料を納付します。保険料を納付できない場合は，原則申請後に一定の要件に該当すると保険料の納付義務を免除や猶予されます。任意加入被保険者は，免除や猶予をすることができません。なお，手続きは原則市区町村の窓口です。

免除には，法定免除と申請免除があります。法定免除は，第1号被保険者が障害基礎年金や生活保護法の生活扶助を受けているときなどは，届出により保険料が免除になります。申請免除は，第１号被保険者，世帯主，配偶者が保険料を納付することが困難なときに，第１号被保険者が申請し厚生労働大臣の承認を受ければ，保険料の全額または一部の額の納付が免除されます。免除には，全額免除，４分の３免除，半額免除，４分の１免除があります。震災や風水害などの天災や失業等により保険料を納めることが著しく困難な時は特例免除に該当し，前年所得が多い場合でも所得にかかわらず天災や失業等のあった月の前月から免除が受けられます。ただし，世帯主や配偶者がいる方は，世帯主や配偶者が所得要件を満たしているか，天災などの特例に該当している必要があります。

平成31（2019）年４月からの産前産後期間の保険料免除は，保険料納付済期間となります。対象となる期間は，出産予定月の前月から出産予定月の翌々月までの４カ月間（多胎妊娠の場合は出産予定月の３カ月前から出産予定月の翌々月までの６カ月）です。

学生納付特例制度は，学生である第１号被保険者が一定の所得以下（半額免除の基準と同じ）の場合は，申請によって承認をうければ保険料の納付が猶予されます。

納付猶予制度は，第１号被保険者と配偶者が一定の所得以下（全額免除の基準と同じ）のとき，本人が申請して承認を受ければ，保険料が猶予されます。平成17年（2005）年４月に30歳未満として始まりましたが，令和７（2025）年６月末日までの時限措置として平成28（2016）年７月より50歳未満に引き上げられました。

学生納付特例制度や納付猶予制度の期間は，老齢基礎年金や障害基礎年金，遺族基礎年金の受給資格期間に算入されますが，老齢基礎年金の年金額には算入されません。

国民年金保険料納付の免除や猶予を受けた人は，保険料を納付した人に比べて年金額が低額になります。本人の申し出により後から納付（追納）することで，老齢基礎年金の年金額を増やすことができます。追納が承認された月の前10年以内が追納でき，免除や猶予を受けた翌年度から起算して３年度以降に保険料を納付する場合は，当時の保険料に追納加算率を乗じた額が上乗せされます。保険料を追納する場合は，原則として，先に経過した月から納付しなければなりません。

免除と納付猶予制度の承認期間は，原則7月から翌年6月（学生納付特例は，4月から翌年3月）です。平成26（2014）年4月から免除や学生納付特例制度，納付猶予制度の手続きが遅れても，最大2年1カ月前までさかのぼって申請ができます。この場合でも，過去の所得で審査が行われます。

2 厚生年金保険の仕組み

1．厚生年金保険の被保険者

厚生年金保険の被保険者は，適用事業所で使用される70歳未満の会社員や公務員，私立学校職員等です。使用されるとは，主に労務の提供として報酬支払いがあることで，法人の代表者等であっても法人から報酬を受けている場合は，被保険者です。ただし，臨時に使用される人（日雇の人，2カ月以内の期間の人）や季節的に使用される人（4カ月以内），臨時的事業所で使用される人（6カ月以内）などは被保険者になりません。

被保険者は，4つの種別に分けられます。

(1) 第1号厚生年金被保険者……厚生年金保険の被保険者（主に民間会社の会社員。第2号厚生年金被保険者から第4号厚生年金被保険者に該当しない厚生年金保険の被保険者）

(2) 第2号厚生年金被保険者……国家公務員共済組合の組合員

(3) 第3号厚生年金被保険者……地方公務員共済組合の組合員

(4) 第4号厚生年金被保険者……私立学校教職員共済制度の加入者

2．被用者年金制度の一元化

厚生年金保険は，労働者の老齢，障害または死亡の事故による長期の保険給付を行い，労働者及びその遺族の生活の安定と福祉の向上を図ることを目的としています。労働者を主とした長期給付として年金を支給することから，働く人が加入する公的年金を被用者年金制度といいます。昭和61（1986）年3月当時は，働き方や年金制度の歴史により厚生年金保険，国民年金，船員保険，各共済組合等の3種7制度に分かれていました。長期的に安定した制度にするため，昭和61（1986）年4月に国民年金を共通の基礎年金として支給する仕組みとしました。これにより被用者年金制度は，基礎年金の上乗せとして報酬比例の年金を支給することとなり，船員保険は職務外年金部門が厚生年金保険に統合となりました。平成27（2015）年10月の被用者年金一元化法（被用者年金制度の一元化等を図るための厚生年金保険法等の一部を改正する法律）の施行により，3共済組合（国家公務員共済組合，地方公務員共済組合，私立学校教職員共済組合）が厚生年金に統合されました。これにより3共済年金は厚生年金となりましたが，効率的な事務処理を行うため，今までどおり国家公務員共済組合連合会および地方公務員組合連合会など，日本私立学校振興・共済事業団が実施機関となり，被保険者の記録管理，標準報酬の決定・改定，保険料の徴収，保険給付の裁定などを行います。

第3章 公的年金制度の概要

Ⅱ 公的年金の給付概要

1 公的年金の給付の種類

1．大きく3つの給付に分かれる

公的年金の給付には，老齢，障害，遺族があります。一定の要件に該当すると国民年金から基礎年金が，厚生年金保険からは厚生年金が支給されます。主な給付として，国民年金には，老齢基礎年金，障害基礎年金，遺族基礎年金があり，厚生年金保険には，原則国民年金の上乗せとして老齢厚生年金，障害厚生年金，遺族厚生年金があります。

2．受給資格期間

受給資格期間や年齢などの一定の要件を満たした時に，受給権（年金を受ける権利）ができます。年金を受け取るには，受給資格期間を満たしている必要があります。老齢基礎年金や老齢厚生年金を受け取るための受給資格期間は，保険料納付済期間，保険料免除期間及び合算対象期間を合計して10年以上です。老齢年金の受給資格期間は，平成29（2017）年7月までは原則25年以上でしたが，法改正により平成29（2017）年8月から10年以上に短縮されました。しかし，遺族基礎年金や遺族厚生年金を受け取るには，今までどおり原則25年以上の受給資格期間が必要です。

保険料納付済期間とは，国民年金の第1号被保険者期間の期間だけでなく，

図表Ⅰ部−10　主な合算対象期間（カラ期間）

<table>
<tr><th></th><th></th><th>昭和
36.4
▼</th><th>昭和
37.12
▼</th><th>昭和
55.4
▼</th><th>昭和
57.1
▼</th><th>昭和
61.4
▼</th><th>平成
3.4
▼</th></tr>
<tr><td>被用者年金制度加入期間（20歳以上60歳未満）</td><td>合算対象期間※1</td><td colspan="4">保険料納付済みなし期間</td><td colspan="2">保険料納付済期間（第2号被保険者）</td></tr>
<tr><td>被用者年金制度加入期間（20歳未満，60歳以上）</td><td colspan="7">合算対象期間</td></tr>
<tr><td>被用者年金制度加入者の配偶者期間（20歳以上60歳未満）</td><td></td><td colspan="4">合算対象期間（任意未加入期間）</td><td colspan="2">保険料納付済期間（第3号被保険者）</td></tr>
<tr><td>老齢（退職）年金の受給資格満了者および受給権者（通算老齢年金および通算退職年金を除く）</td><td></td><td colspan="4">合算対象期間（任意未加入期間）</td><td colspan="2">合算対象期間（任意未加入期間）※2</td></tr>
<tr><td>その配偶者期間（20歳以上60歳未満）</td><td></td><td colspan="4">合算対象期間（任意未加入期間）</td><td colspan="2">強制加入期間</td></tr>
<tr><td>被用者年金制度の障害・遺族の受給権者</td><td></td><td colspan="4">合算対象期間（任意未加入期間）</td><td colspan="2">強制加入期間</td></tr>
<tr><td>その配偶者期間（20歳以上60歳未満）</td><td></td><td colspan="4">合算対象期間（任意未加入期間）</td><td colspan="2">強制加入期間</td></tr>
<tr><td>国会議員</td><td></td><td colspan="2">合算対象期間（適用除外期間）</td><td colspan="2">合算対象期間（任意未加入期間）</td><td colspan="2">強制加入期間</td></tr>
<tr><td>その配偶者期間（20歳以上60歳未満）</td><td></td><td colspan="4">合算対象期間（任意未加入期間）</td><td colspan="2">強制加入期間</td></tr>
<tr><td>地方議会議員およびその配偶者期間（20歳以上60歳未満）</td><td></td><td>強制加入</td><td colspan="3">合算対象期間（任意未加入期間）</td><td colspan="2">強制加入期間</td></tr>
<tr><td>学生（高校・大学等）</td><td></td><td colspan="5">合算対象期間（任意未加入期間）</td><td>強制加入</td></tr>
<tr><td>学生（専修学校・各種学校等）</td><td></td><td colspan="4">強制加入期間</td><td>合算対象期間（任意未加入期間）</td><td>強制加入</td></tr>
<tr><td>日本に帰化した者，永住許可を受けた者などの在日期間（20歳以上60歳未満）</td><td></td><td colspan="3">合算対象期間（適用除外期間）※3</td><td colspan="3">強制加入期間</td></tr>
<tr><td>日本に帰化した者，永住許可を受けた者などの海外在住期間（20歳以上60歳未満）</td><td></td><td colspan="6">合算対象期間（適用除外期間）※4</td></tr>
<tr><td>日本人の海外居住期間（20歳以上60歳未満）</td><td></td><td colspan="4">合算対象期間（適用除外期間）</td><td colspan="2">合算対象期間（任意未加入期間）</td></tr>
<tr><td>脱退手当金支給期間（20歳未満も含む）</td><td></td><td colspan="4">合算対象期間※5</td><td colspan="2">強制加入期間</td></tr>
<tr><td>任意加入未納期間</td><td></td><td colspan="6">合算対象期間※6</td></tr>
</table>

※1　厚生年金保険と船員保険は，昭和36年3月以前の被保険者期間が1年以上，または昭和36年4月以降の被保険者期間を合算して1年以上の場合です。昭和36年4月以降昭和61年3月までに国民年金の保険料納付済み期間または保険料免除期間や他の公的年金の加入期間かあるか，昭和61年4月以降に国民年金の保険料納付済期間または保険料免除期間かあることが必要です。

※2　受給資格期間がない者は，強制加入期間です。

※3　昭和36年4月1日以後，20歳に達した日の翌日から65歳に達した日の前日までの間に日本国籍を取得した方，または永住許可を受けた方などが日本国内に住所を有していた期間のうち，適用除外とされていた昭和36年4月1日から昭和56年12月31日までの20歳以上60歳未満の期間です。

※4　日本国内に住所を有することになった外国人または外国人であった方で，日本国内に住所を有していなかった期間のうち，昭和36年4月1日以後，日本国籍を取得した日等の前日までの20歳以上60歳未満の期間です。

※5　昭和61年3月31日までに受け取った場合で，昭和61年4月1日から65歳に達した日の前日までの間に保険料納付済期間または保険料免除期間を有することになった場合に限ります。

※6　平成26年4月1日以降，合算対象期間に算入します。

出所：厚生労働省「老齢基礎年金お手続ガイド」より筆者作成。

図表Ⅰ部－11　主な受給資格期間短縮の特例

1．被用者年金の特例
厚生年金保険と共済年金のそれぞれもしくは合計の加入期間をみます。

生年月日	加入年数
S27.4.1以前生まれ	20年
S27.4.2～S28.4.1	21年
S28.4.2～S29.4.1	22年
S29.4.2～S30.4.1	23年
S30.4.2～S31.4.1	24年

〈S：昭和〉

2．第1号厚生年金被保険者の中高齢の特例
男性は40歳（女性は35歳）以上の加入期間をみます。

生年月日	加入年数
S22.4.1以前生まれ	15年
S22.4.2～S23.4.1	16年
S23.4.2～S24.4.1	17年
S24.4.2～S25.4.1	18年
S25.4.2～S26.4.1	19年

〈S：昭和〉

第2号被保険者（20歳以上60歳未満）や第3号被保険者の期間，昭和36（1961）年4月から昭和61（1986）年3月の厚生年金保険および船員保険，共済組合員期間のうち20歳以上60歳未満です。

保険料免除期間は，法定免除，申請免除（全額免除，4分の3免除，半額免除，4分の1免除），学生納付特例制度，納付猶予制度です。

年金を受けるには，受給資格期間を満たすことが必要です。保険料納付済期間と保険料免除期間や猶予期間を合わせても10年以上（遺族基礎年金や遺族厚生年金は原則25年以上）に満たない場合は，合算対象期間を合わせて期間を満たすことができます。合算対象期間は，通称カラ期間ともいい，受給資格期間

には算入しますが年金額の計算には含めません。国民年金を任意加入していた人が保険料を納めなかった期間は未納期間でしたが，平成26（2014）年４月からは合算対象期間となりました。

受給資格期間は，生年月日などにより短縮措置があります。遺族厚生年金（長期要件や経過的寡婦加算など）や加給年金額・振替加算額を受け取る際に確認をします。

2 老齢年金

1．老齢基礎年金

(1)　老齢基礎年金の年金額

老齢基礎年金は，原則65歳から支給です。年金額は，国民年金を20歳から60歳までの40年（480月）を全て納付すると受け取り年度の満額が受け取れますが，保険料免除期間や滞納期間などがある人は，その期間に応じて計算された満額より少ない額を受け取ることになります。

図表Ⅰ部－12　免除・納付猶予の年金額への反映

		老齢基礎年金額		受給資格期間	追納	免除基準の対象者
		H21.3以前	H21.4以降	老齢・障害・遺族		
法定免除		1/3	1/2	○	○	本人
申請免除	全額免除	1/3	1/2	○	○	本人・配偶者・世帯主
	3/4免除	1/2	5/8	○	○	本人・配偶者・世帯主
	半額免除	2/3	3/4	○	○	本人・配偶者・世帯主
	1/4免除	5/6	7/8	○	○	本人・配偶者・世帯主
学生納付特例		なりません	なりません	○	○	本人
納付猶予制度		なりません	なりません	○	○	本人・配偶者

〈H：平成〉

付加保険料を納めた期間は，老齢基礎年金と併せて付加年金（200円に付加保険料納付月数を乗じた額）を受け取ることができます。

2．老齢厚生年金

(1)　支給開始年齢

老齢厚生年金の受給資格期間を満たし支給開始年齢に達すると生年月日，性別，厚生年金保険の種別により，老齢厚生年金を受け取ることができます。なお，被用者年金一元化法により平成27（2015）年10月より各共済年金は厚生年金保険となりましたが，各共済年金の女性の支給開始年齢は男性と同じことに変わりはありません。

60歳台前半の老齢厚生年金を特別支給の老齢厚生年金といいます。支給開始年齢に達し，厚生年金保険の被保険者期間が1年以上ある人が受け取ることができます。平成27（2015）年10月の被用者年金一元化以降は，複数の種別の厚生年金保険をあわせて1年以上となりました。

65歳からの本来の老齢厚生年金は，厚生年金保険の被保険者期間が1カ月以上あれば受け取ることができます。

①　報酬比例部分に加えて定額部分が支給される特例

65歳台前半の特別支給の老齢厚生年金の支給開始年齢に達したとき，長期加入者の特例または障害者の特例に該当し，厚生年金保険の被保険者でなければ，報酬比例部分に加えて定額部分，加えて一定の要件を満たすと加給年金額も支給されます。ただし，支給開始年齢が昭和36（1961）年4月1日以前生まれの男性（女性は昭和41（1966）年4月1日以前生まれ）に限ります。

ア　長期加入者の特例

長期加入者とは，同じ種別での厚生年金保険の被保険者期間が合計44年（528月）以上あることが必要です（第2号厚生年金被保険者期間と第3号厚生年金被保険者期間は合算できます）。65歳に達するまでに厚生年金保険の被保険者期間が44年以上になっても，厚生年金保険に在職中は特例に該当せず，退職（厚生年金保険の被保険者資格を喪失してから1カ月を経過した日の属する月）から報酬比例部分と定額部分が支給されます。

イ　障害者の特例

障害者とは，厚生年金保険の障害等級3級以上（症状が固定してない場合

図表Ⅰ部－13　特別支給の老齢厚生年金の支給開始年齢

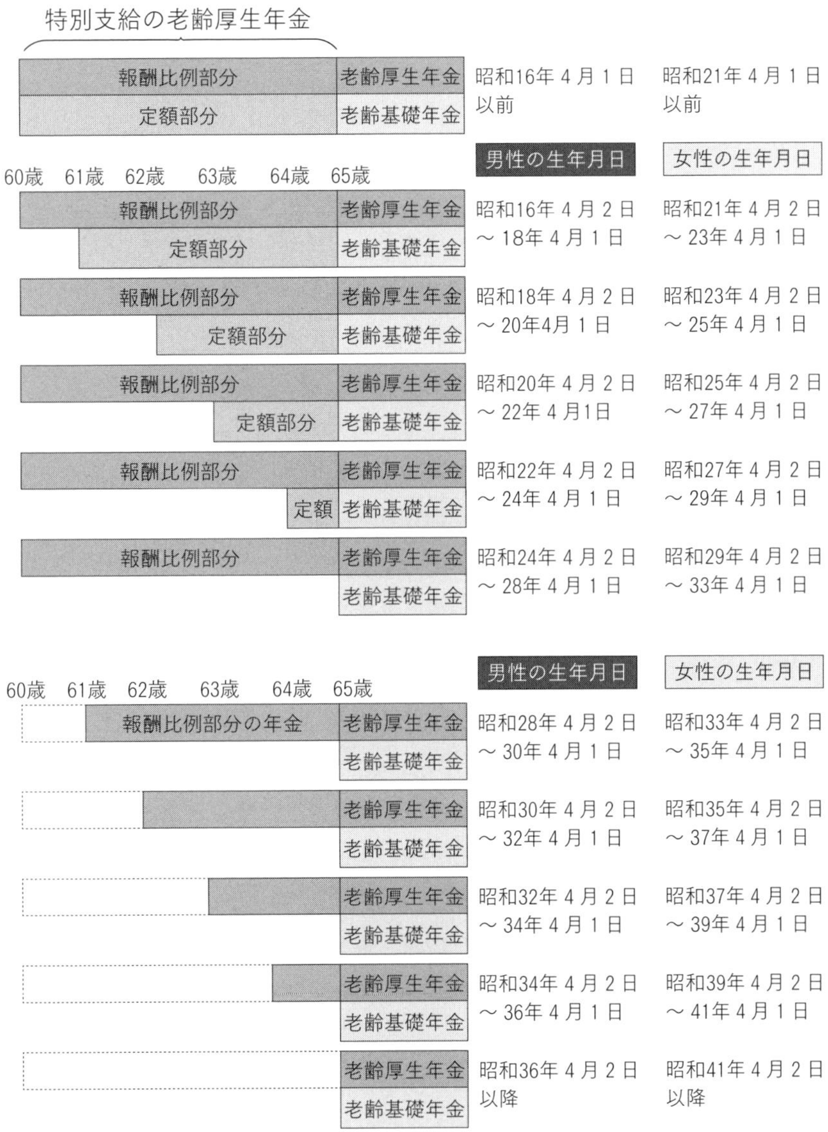

特別支給の老齢厚生年金

特別支給の老齢厚生年金（60歳～65歳）	65歳～	男性の生年月日	女性の生年月日
報酬比例部分	老齢厚生年金	昭和16年4月1日以前	昭和21年4月1日以前
定額部分	老齢基礎年金		

60歳　61歳　62歳　63歳　64歳　65歳

特別支給の老齢厚生年金	65歳～	男性の生年月日	女性の生年月日
報酬比例部分（60歳～）	老齢厚生年金	昭和16年4月2日～18年4月1日	昭和21年4月2日～23年4月1日
定額部分（61歳～）	老齢基礎年金		
報酬比例部分（60歳～）	老齢厚生年金	昭和18年4月2日～20年4月1日	昭和23年4月2日～25年4月1日
定額部分（62歳～）	老齢基礎年金		
報酬比例部分（60歳～）	老齢厚生年金	昭和20年4月2日～22年4月1日	昭和25年4月2日～27年4月1日
定額部分（63歳～）	老齢基礎年金		
報酬比例部分（60歳～）	老齢厚生年金	昭和22年4月2日～24年4月1日	昭和27年4月2日～29年4月1日
定額（64歳～）	老齢基礎年金		
報酬比例部分（60歳～）	老齢厚生年金	昭和24年4月2日～28年4月1日	昭和29年4月2日～33年4月1日
	老齢基礎年金		

60歳　61歳　62歳　63歳　64歳　65歳

特別支給の老齢厚生年金	65歳～	男性の生年月日	女性の生年月日
報酬比例部分の年金（61歳～）	老齢厚生年金	昭和28年4月2日～30年4月1日	昭和33年4月2日～35年4月1日
	老齢基礎年金		
（62歳～）	老齢厚生年金	昭和30年4月2日～32年4月1日	昭和35年4月2日～37年4月1日
	老齢基礎年金		
（63歳～）	老齢厚生年金	昭和32年4月2日～34年4月1日	昭和37年4月2日～39年4月1日
	老齢基礎年金		
（64歳～）	老齢厚生年金	昭和34年4月2日～36年4月1日	昭和39年4月2日～41年4月1日
	老齢基礎年金		
	老齢厚生年金	昭和36年4月2日以降	昭和41年4月2日以降
	老齢基礎年金		

は初診日から1年6カ月を経過したとき）です。障害年金受給者は障害の状態にあると認められた時にさかのぼって障害者の特例請求ができますが，障害年金との選択が必要です。障害年金を受給していない障害等級3級以上の状態にある人は，請求した翌月からの支給です。

(2) 加給年金額・振替加算額

① 加給年金額

加給年金額は，厚生年金保険の被保険者期間が20年以上ある場合，その人によって生計を維持している65歳未満の配偶者または18歳に達する日の以後の年度末までの子（障害等級1級または2級の20歳未満を含む）がいる場合，65歳（定額部分が支給になるときはそのとき）から加給年金額が加算されます。厚生年金保険の20年以上とは，第1号厚生年金被保険者の中高齢の特例を含み，厚生年金保険の全ての種別の加入期間を合計します。

生計維持関係とは，加給年金額が加算される事由に該当した日において生計同一要件と収入要件を満たしている場合です。生計同一とは，原則住民票上同一世帯に属していることです。住民票上の世帯が別であっても，やむを得ない事情がなければ起居を共にし家計を1つにしているとことが認められるときは，生計同一とみなされます。例えば，単身赴任や就学，病気療養などです。収入要件は，配偶者や子の前年収入が850万円未満（前年所得が655,5万円未満）で，一時的な収入（所得）は除きます。現在は収入要件に該当しなくても，定年退職などにより近い将来（おおむね5年以内）に収入（所得）の要件に該当する場合は，収入要件を満たします。

加給年金額については，昭和9（1934）年4月2日以後に生まれた受給権者には，生年月日に応じて加給年金額に特別加算が加わった額になります。

② 振替加算額

老齢厚生年金（原則厚生年金保険が20年以上）または障害厚生年金（障害等級1級または2級）を受給している人に生計を維持されている65歳未満の配偶者がいる場合，受給権者に加給年金額が加算されますが，配偶者が65歳に達すると加給年金額は失権し，配偶者の生年月日により振替加算額が老齢基礎年金に加算されます。振替加算額が加算されるのは，夫婦とも大正15（1926）年４月２日以後生まれで，配偶者が昭和41（1966）年４月１日以前生まれです。

(3)　老齢厚生年金の年金額

①　報酬比例部分

ア　60歳台前半

10年以上の受給資格期間を満たし厚生年金保険が１年以上ある人は，特別支給の老齢厚生年金が支給される支給開始年齢から報酬比例部分（一定の要件に該当すると定額部分や加給年金額）を受け取ることができます。報酬比例部分の年金額については，厚生年金保険の被保険者期間の月数と全被保険者期間の平均の報酬額（平均標準報酬月額。平成15（2003）年４月以後は標準賞与額を含んだ平均標準報酬額）に率を乗じることよって算出されることになります。

イ　60歳台後半

特別支給の老齢厚生年金は失権し，報酬比例部分に経過的加算が加わり老齢厚生年金となり，老齢厚生年金に合わせて老齢基礎年金が支給されます。

図表Ｉ部－14　老齢厚生年金・老齢基礎年金の支給図（イメージ）

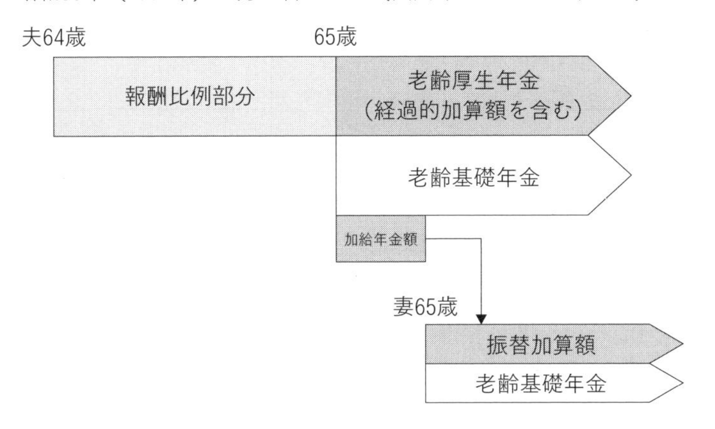

⑷ 在職老齢年金

老齢厚生年金を受け取りながら在職中（厚生年金保険の被保険者である）の場合は，在職老齢年金となり老齢厚生年金である報酬比例部分の一部または全部が支給停止されることがあります。これを在職老齢年金といい，60歳台前半と60歳台後半で仕組みが分けられます。在職老齢年金は，総報酬月額相当額と基本月額，支給停止調整開始額（60歳台後半は支給停止調整額）の３つのポイントがあります。

① **総報酬月額相当額**……その月の標準報酬月額（給与）＋その月以前１年間の標準賞与額÷12

② **基本月額**……報酬比例部分（加給年金額を除く）÷12

加給年金額は，報酬比例部分の一部または全額の支給がある場合は全額支給されます。

③ **支給停止調整開始額（60歳台前半）・支給停止調整額（60歳台後半）**

ア　60歳台前半の在職老齢年金

総報酬月額相当額と基本月額を合計した額が支給停止調整開始額以下の場合は，年金が全額支給されます。総報酬月額相当額と基本月額を合計した額が支給停止調整開始額を超える場合は，超えた額の半分の年金が調整されます。

イ　60歳台後半の在職老齢年金

総報酬月額相当額と基本月額を合計した額が支給停止調整額以下の場合は，年金が全額支給されます。総報酬月額相当額と基本月額を合計した額が支給停止調整額を超える場合は，原則超えた額の半分の年金が支給停止されます。総報酬月額相当額は報酬比例部分のみの年金が対象ですので，老齢厚生年金額の一部である経過的加算と老齢基礎年金は全額支給されます。加給年金額は，報酬比例部分が支給になれば合わせて支給になります。なお，厚生年金保険の被保険者の加入は70歳になるまでですが，70歳以上の在職中の人にも在職老齢年金が適用となり，平成27（2015）年10月からは昭和12（1937）年４月１日以前生まれの方も対象になりました。在職老齢年金のあり方は，高齢期における多様な働き方と引退への移行に弾力的な対応をするため，厚生労働省で引き続き検討されています。

(5)　雇用保険と特別支給の老齢厚生年金の調整

①　基本手当との調整

65歳未満に特別支給の老齢厚生年金を受けられる人が退職し，雇用保険法から基本手当（失業給付）を受けている間，特別支給の老齢厚生年金は全額支給停止されます。支給停止の期間は，公共職業安定所（ハローワーク）で求職の申込みをした日の翌月から，基本手当の受給が終了したときまでです。自己都合による退職などの場合は給付制限期間があり実際に基本手当は支給されませんが，この間も特別支給の老齢厚生年金は全額支給停止されます。基本手当が支給された月よりも年金の支給停止の月が多い場合は，支給停止が解除され年金がさかのぼって支給されます。これを事後精算といいます。

65歳以上（65歳の誕生日の前日以降）に退職すると，高年齢求職者給付金の一時金（１年未満は基本手当日額の30日分，１年以上は基本手当日額の50日分）が支給されます。これを受け取っても老齢厚生年金を全額受け取ることができます。雇用保険の適用は65歳未満でしたが，平成29（2017）年１月から65歳以上の人も高年齢被保険者として雇用保険法の適用となります。

②　高年齢雇用継続給付との調整

高年齢雇用継続給付は，60歳以上65歳未満の人が勤めながら受け取る給付です。引き続き勤める場合に受け取る高年齢雇用継続基本給付金の他，退職し基本手当を受け取った人の高年齢再就職給付金があります。この給付金と60歳台前半の特別支給の老齢厚生年金を受け取ると年金が一部停止になります。

３．繰上げ請求・繰下げ請求

老齢基礎年金は原則65歳からの支給ですが，希望により60歳から支給を早め（繰上げ）たり，66歳以降70歳まで支給を遅らせ（繰下げ）ることができます。つまり，公的年金は受給開始時期を自分で選択できる制度といえます。

⑴ 繰上げ請求

昭和16（1941）年４月２日以降生まれの人は１カ月受け取りを早めるごとに0.5％が減額され，60歳到達月で最大30％（0.5％×60月）の減額です。受給権は，繰上げ請求があった日に発生し，年金は翌月分から支給開始されます。繰上げをすると取り消しができませんので，慎重な検討が必要です。主な注意点は以下のとおりです。

- 生涯減額された年金を受け取り，途中で取り消しができません。付加年金も合わせて減額されますが，振替加算額は減額されません。振替加算額の支給は65歳からです。
- 国民年金の任意加入者は，繰上げすることはできませんし，繰上げ後に任意加入をすることもできません。
- 60歳台前半の特別支給の老齢厚生年金をを受ける人が，支給開始年齢前に繰上げる場合は，老齢厚生年金も同時に繰上げます。支給開始年齢以降に老齢基礎年金を繰上げる場合は，老齢基礎年金のみが減額になります。
- 原則事後重症などによる障害基礎年金を請求することができません。
- 寡婦年金は支給されず，すでに受け取っている寡婦年金は権利がなくなります。
- 65歳までに遺族厚生（共済）年金を受け取る人は，繰上げした老齢基礎年金を併給することはできません。いずれか一方を選択することになります。

⑵ 繰下げ請求

昭和16（1941）年４月２日以降生まれの人は１カ月受け取りを遅くするごとに0.7％が増額され，66歳に達した日以後から請求でき，70歳到達月で最大42％（0.7％×60月）が増額されます。70歳で繰下げ請求をしても請求のあった翌月分からの支給でしたが，平成26（2014）年４月から70歳になった翌月分までさかのぼって支給されることとなりました。繰下げは，70歳までです。主なポイントは，以下のとおりです。

- 請求時に，増額された繰下げ支給の老齢基礎年金や老齢厚生年金を受け取るか，65歳からの老齢基礎年金や老齢厚生年金をさかのぼって受け取るか選ぶことができます。

- 老齢基礎年金と老齢厚生年金（複数の種別の老齢厚生年金や厚生年金基金は同時）のそれぞれの繰下げ時期を選ぶことができます。なお，加給年金額及び振替加算額は繰下げしても増額されませんし，繰下げ中は加給年金額及び振替加算額のみを受け取ることはできません。
- 厚生年金保険の被保険者として在職中の方は，65歳の老齢厚生年金額から在職老齢年金による支給停止額を差し引いた額が，繰下げ請求による増額対象になります。

3 障害年金

1．受給要件

(1) 基本的要件

公的年金に加入中，病気や怪我で障害の状態となった場合は，障害基礎年金が支給されます。厚生年金保険に加入中に障害の状態となった場合，１級または２級に該当すると障害厚生年金に加えて障害基礎年金が支給されます。３級は障害厚生年金のみで，３級よりも症状が軽い場合は障害手当金が支給されます。障害年金は，初診日から原則１年６カ月経過した日に障害の状態であれば請求ができます。

① 初診日

障害の原因となった傷病について，初めて医師または歯科医師の診療を受けた日をいいます。初診日において加入している年金制度の障害年金を請求できますので，初診日に国民年金に加入していたら障害基礎年金が，初診日に厚生年金保険に加入していたら障害厚生年金（障害等級が１級または２級は合わせて障害基礎年金）が支給されます。

② 障害認定日

障害の程度を認定する日で，病気や怪我で初診日から起算して原則１年６カ月を経過した日をいいます。初診日から１年６カ月を経過する日までに治った日（症状固定日）がある場合は，その日が障害認定日となります（障害認定日

図表Ⅰ部－15 主な障害認定日の特例

診断書	傷病が治った状態	障害認定日	障害等級の目安
聴覚等 （様式第120号の２）	咽頭全摘出	咽頭全摘出	２級
肢体 （様式第120号の３）	人工骨頭，人工関節	挿入置換日	原則３級（上肢３大関節または下肢３大関節に人工関節を挿入置換した場合）
	切断または離断	切断または離断日（障害手当金は創面治癒日）	１肢の切断で２級，２肢の切断で１級，一下肢のショパール関節以上で欠くと２級，リスフラン関節以上で欠くと３級
	脳血管障害による機能障害	初診日から起算して６カ月を経過した日以後※１	
呼吸器疾患 （様式第120号の５）	在宅酸素療法	開始日	３級（常時使用の場合。常時とは，24時間使用）
循環器疾患 （様式第120号の６－(1)）	心臓移植，人工心臓	移植日または装着日	１級（１から２年程度の経過観察後，再認定あり）
	CRT(心臓再同期医療機器)，CRT-D(除細動器機能付き心臓再同期医療機器)	装着日	２級（１から２年程度の経過観察後，再認定あり）
	心臓ペースメーカー，ICD（植え込み型除細動器）	装着日	３級
	人工弁（一部例外あり）	装着日	３級
	胸部大動脈解離や胸部大動脈瘤により人工血管（ステントグラフトも含む）	挿入置換日	３級（診断書の一般状態区分がイかウの場合）
腎肝疾患 （様式第120号の６－(2)）	人工透析療法	透析開始日から３カ月を経過した日	２級
血液・その他 （様式第120号の７）	遷延性植物状態	植物状態に至った日から起算して３カ月を経過した日以後	１級 ※２
	人工肛門，尿路変更術	造設日または手術日から起算して６カ月を経過した日	３級(いずれか１つの場合)
	新膀胱	造設日	３級

※１ 医学的観点から，それ以上の機能回復がほとんど望めないと認められる場合です。

※２ 植物状態の診断基準の６項目に該当した場合で，かつ３カ月以上継続しほぼ固定している状態です。植物状態の診断基準とは，①自力で移動できない，②自力で食物を摂取できない，③糞尿失禁をみる，④目で物を追うが認識できない，⑤簡単な命令には応ずることもあるが，それ以上の意思の疎通ができない，⑥声が出るが意味がある発語ではない，の６つです。

出所：日本年金機構ホームページより一部筆者作成。

の特例)。

③　保険料納付要件

初診日の前日において，初診日の属する月の前々月までに国民年金の被保険者期間があり，保険料納付済期間と保険料免除期間（学生納付猶予制度と納付猶予制度の期間を含む）を合わせて原則3分の2以上あることが必要です。これを満たさなくても，初診日の前日において初診日の属する月の前々月までの1年間に保険料の滞納期間がなければ保険料納付要件を満たしますが，初診日が令和8（2026）年3月31日以前であり，65歳未満である場合に限ります。なお，初診日（厚生年金保険の旧法は発病日）により保険料納付要件が異なる場合があります。

④　障害の状態

身体または精神に障害の状態があり，その状態が長期にわたる場合をいいます。障害認定日において判断する障害程度の基準は，国民年金法施行令別表に1級と2級，厚生年金保険法施行令別表第1に3級，厚生年金保険法施行令別表第2に障害手当金とともに国民年金・厚生年金保険障害認定基準が定められています。障害等級が少ないものほど障害の程度は重く，障害基礎年金と障害厚生年金の1級または2級の障害等級表は同じものです。

(2)　事後重症による障害の請求

障害認定日には障害の状態が軽くて障害等級に該当しない場合でも，その後障害等級に該当した場合は，65歳に達する日の前日までに請求するこができます。これを事後重症による障害基礎（厚生）年金といいます。請求をした日に障害基礎（厚生）年金の権利が発生し，請求の翌月分から支給されますので，なるべく早く請求をすることが大切です。

2．年金額

障害基礎年金の額は，1級は老齢基礎年金の満額の1.25倍で，2級が老齢基礎年金の満額です。障害基礎年金を受給している人に生計を維持する18歳の年度末までの子（障害等級1級または2級の場合は20歳未満）がいる場合，子の加算があります。障害厚生年金の額は，１級は報酬比例部分の年金額の1.25倍，２級と３級は報酬比例部分の年金額です。障害厚生年金の額は，被保険者期間が300月に満たない場合は，300月加入したとして年金額を計算します。障害厚生年金の３級は，障害基礎年金が支給されないため最低保障額があります。障害厚生年金の１級または２級の受給をしている人に生計を維持する65歳未満の配偶者がいる場合は，加給年金額が加算されます。ただし，老齢厚生年金と異なり特別加算はありません。障害基礎年金や障害厚生年金を受給する権利ができた当時だけでなく，受給する権利を得てから新たに生計を維持する配偶者や子ができた場合も，平成23（2011）年４月から加算が行われます。

4　遺族年金

死亡した人が加入していた年金制度で支給されます。国民年金に加入していた人の遺族に支給される年金は遺族基礎年金の他に，国民年金の独自給付として寡婦年金や死亡一時金があります。厚生年金に加入していた人の遺族には遺族厚生年金が支給されます。

1．遺族基礎年金

死亡した人に生計を維持されていた子のいる配偶者または子に支給されます。子とは，18歳の年度末までの子（障害等級１級または２級の場合は20歳未満を含みます）です。国民年金の被保険者（第１号被保険者から第３号被保険者）や国民年金の被保険者であった日本に居住している60歳以上65歳未満は，保険料納付要件が必要です（保険料納付要件は，障害年金の保険料納付要件の「初診日」を「死亡」と読み替えてください)。老齢基礎年金の受給資格者や受給資格期間を満たしている人が死亡した場合でも遺族基礎年金が支給されますが，この受給資格期間は10年以上ではなく，原則25年以上です。遺族基礎年金の年金額は，子のある配偶者の場合，老齢基礎年金の満額に特別加算のない加給年金額の子の加算を加えた額（子の３人目以降加算額が変更となる点も同様）です。子が１人のみの場合は，老齢基礎年金の満額が支給されます。

２．寡婦年金

国民年金の第１号被保険者として保険料納付期間と保険料免除期間で10年（平成29（2017）年７月までは25年）以上ある夫が亡くなった場合，妻は60歳から65歳まで寡婦年金を受給することができます。夫は障害基礎年金や老齢基礎年金を受けていないことが必要です。妻は生計を維持されており，婚姻関係が10年以上継続していることに加えて60歳から65歳になるまでの間に老齢基礎年金を繰上げしていない場合です。寡婦年金の年金額は，死亡した夫が受け取る国民年金の第１号被保険者の老齢基礎年金の３/４の額です（付加保険料は除きます)。

３．死亡一時金

国民年金の第１号被保険者として３年以上納付した人が，老齢基礎年金や障害基礎年金を受け取らずに死亡した場合，生計を同じくしていた遺族に死亡一時金が支給されます。遺族基礎年金を受給できる遺族がいない場合，⑴配偶者，⑵子，⑶父母，⑷孫，⑸祖父母，⑹兄弟姉妹の順で支給されます。付加保険料の納付が３年以上ある場合は，8,500円が加算されます。

４．遺族厚生年金

⑴　要件

死亡した厚生年金保険の被保険者が，次のいずれかに該当する場合に原則生涯支給します。①と②は，保険料納付要件を満たしている場合に限ります。①から③を短期要件，④を長期要件といいます。

①　被保険者が死亡

②　被保険者であったときに初診日のある傷病により，初診日から５年以内に死亡

③　障害厚生年金の１級または２級を受給権者の死亡

④　老齢厚生年金の受給権者または受給資格期間を満たしている人の死亡（受給資格期間は25年以上です）

⑵ 遺族

遺族の順位は，①配偶者・子，②父母，③孫，④祖父母です。妻は年齢を問いません。死亡した当時に夫・父母・祖父母は55歳以上で権利はできますが，支給は60歳です（ただし夫が遺族基礎年金を受給できる場合は，60歳前であっても遺族厚生年金が支給されます）。子は，18歳の年度末まで（障害等級１級または２級は20歳未満）です。

⑶ 年金額

死亡した人の報酬比例部分の3/4です。短期要件は，被保険者期間が300月未満の場合300月とみなして計算します。子がいる場合，遺族厚生年金に加えて遺族基礎年金が支給されます。遺族厚生年金は原則生涯支給されますが，子がいない30歳未満の妻は，平成19（2007）年４月から５年間の有期年金です。短期要件や長期要件の厚生年金保険が20年以上は，要件を満たせば中高齢寡婦加算または経過的寡婦加算が加算されます。中高齢寡婦加算は，夫が死亡したとき子のない妻が40歳以上65歳未満であれば，老齢基礎年金の満額のおよそ3/4倍が加算されます。子のある妻が遺族基礎年金を受けていた時は，遺族基礎年金が失権したときに40歳以上であれば中高齢寡婦加算が受け取れます。中高齢寡婦加算は，65歳になると経過的寡婦加算となり生年月日に応じた額となります。経過的寡婦加算は，妻が65歳以上に初めて遺族厚生年金を支給される場合も加算されますが，妻の生年月日は昭和31（1956）年４月１日以前生まれに限ります。

５．主な併給調整

公的年金の支給は原則１人１年金ですが，遺族基礎年金や遺族厚生年金など同じ支給事由の場合は合わせて受け取ることができます。平成19（2007）年４月以降，遺族厚生年金を受け取れる人が65歳以上の場合，老齢厚生年金を優先支給し，差額を遺族厚生年金として受給することになりました。受給権者が65歳以上の場合，支給事由が異なっていても併給することができるのは，以下のとおりです。

① 老齢基礎年金と遺族厚生年金

② 老齢基礎年金と遺族厚生年金の2/3と老齢厚生年金の1/2

③ 障害基礎年金と老齢厚生年金（子の加給年金額は支給停止）

④ 障害基礎年金と遺族厚生年金（経過的寡婦加算は支給停止）

⑤ 障害基礎年金と遺族厚生年金の2/3と老齢厚生年金の1/2

第４章　公的年金制度の主な課題

Ⅰ　財政検証の意義と役割

1　財政再計算とは

公的年金制度は賦課方式です。賦課方式では，現役世代が納める保険料をそのときの公的年金の主な財源としているため，少子高齢化が進み現役世代が少なくなると，公的年金の財源となる保険料収入が減少するため，年金給付の支出とのバランスが取れなくなる可能性があります。そのようなことを防ぐために，2004年改正以前は，５年ごとに財政再計算が行われていました。戦後，当時の混乱期に被保険者と事業主の負担能力を考慮して，低い保険料率が設定されていましたので，将来に向けて保険料率を段階的に引き上げていく段階保険料方式を採用し，財政再計算においては，保険料率の将来の見通しを立てたうえで再計算が行われ保険料率を改定してきました。また，高度経済成長期以後は，賃金や生活水準の向上に合わせた給付の充実が行われてきましたが，その際，将来の保険料水準が高くなり過ぎないように給付設計の見直しも行われてきました。このため，財政再計算と合わせて年金制度の改正が行われてきたわけです。

2　財政検証とは

その後，予想以上の少子高齢化の進行などを受け，平成16（2004）年に年金財政の枠組みが抜本的に改正され，将来の保険料率を固定し，その固定された財源の範囲内で給付水準を自動調整することで給付と負担のバランスをとる仕組みであるマクロ経済スライドが導入されました。また，公的年金制度は賦課方式であるため，年金給付の主な財源は保険料となりますが，それ以外でも国庫負担や積立金の活用をあわせて財源を固定し，給付水準を自動調整して長期的に給付と負担の均衡が図られる財政方式になりました（第1章のⅥの図表Ⅰ部－5（13頁）参照）。

そして，この平成16（2004）年の改正以降，少なくとも5年ごとに長期にわたって給付と負担のバランスがとれているかを確認する「財政検証」が行われることになりました。財政検証とは，年金財政に影響を与える要素である人口や経済などの今後の見通しについて，現実的と思われるさまざまな前提条件から将来の試算を行い検証する作業になります。しかし，時間がたつにつれて当初の設定と現実とのズレが生じることは避けられないため，そのズレを5年に一度修正していくものです。公的年金財政の定期的な「健康診断」といえます。このため，財政検証では人口や経済などがどのように変化するのか複数のケースを設定して，ケースごとに将来の給付水準がどうなるのか検証を行います。

また，財政検証においては，それぞれのケースにおける将来の公的年金の給付水準の見通しを所得代替率で考えます。所得代替率とは，年金を受給し始める時点の年金額が，その時の現役世代の手取り収入額と比較してどのくらいの割合かを示すものです。平成16（2004）年改正後の財政フレームでは，今後の少子高齢化の中で給付水準を自動調整する仕組みにおいても，この所得代替率がモデル世帯で50％を上回ることとされています。

財政検証の結果，対応しなければ，将来的に悪い影響を与えてしまうような事態が見られるようなことが出てきたならば，制度改革を行うなどの対策をとり，年金財政に悪影響が出ないよう，事前に対応することになっています。このような流れでPDCAサイクルを繰り返し実行していくことで，年金財政が健康体であるようチェックされています。

財政検証の結果は，人口や経済を含めた将来の状況を正確に見通す予測というよりも，人口や経済等に関して現時点で得られるデータの将来の年金財政へ

図表Ⅰ部－16 財政検証について

2004年年金制度改正における年金財政のフレームワーク

○ 上限を固定した上での保険料の引上げ
（最終保険料（率）は国民年金16,900円（平成16年度価格）、厚生年金18.3%）

○ 負担の範囲内で給付水準を自動調整する仕組み（マクロ経済スライド）の導入

○ 積立金の活用（おおむね100年間で財政均衡を図る方式とし、財政均衡期間の終了時に給付費1年分程度の積立金を保有することとし、積立金を活用して後世代の給付に充てる）

○ 基礎年金国庫負担の2分の1への引上げ

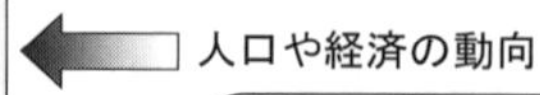

財政検証

少なくとも5年ごとに、

○ 財政見通しの作成

○ 給付水準の自動調整（マクロ経済スライド）の開始・終了年度の見通しの作成

を行い、年金財政の健全性を検証する

→ 次の財政検証までに所得代替率が５０%を下回ると見込まれる場合には、給付水準調整の終了その他の措置を講ずるとともに、給付及び負担の在り方について検討を行い、所要の措置を講ずる

出所：社会保障審議会 第２回年金部会資料（2018年６月22日）より。

の投影という性格のものになります。このため，財政検証にあたっては，複数ケースの前提を設定し，その結果についても幅を持って解釈する必要があるものです。

５年に一度の財政検証では，年金財政に影響を与える要素である人口，労働力，経済などの社会・経済等の諸前提に基づいて，将来の試算を行い検証する作業を行います。また，課題となっている事項については，オプション試算などからも次期制度改正に向けての検討が行われることになります。

なお，令和元（2019）年の財政検証では，経済成長と労働参加について，「進むケース」，「一定程度進むケース」，「進まないケース」として，全部で６つのケースに分けて幅広い試算が行われました。結果のポイントとしては，経済成長と労働参加を促進することが，年金水準確保のためにも重要であるということでした。また，前回同様オプション試算も行われました。１つは「被用者保険の更なる適用拡大」について，もう１つは「保険料拠出期間の延長と受給開始時期の選択」についてであり，どちらも年金の水準確保に効果が大きいことが示されました。

Ⅱ 公的年金制度のこれまでの改正等経緯

1 年金制度改革のこれまでの経過

遡ること平成24（2012）年，年金関連4法が成立し，平成16（2004）年改正の財政フレームも一定の完成をみました。その他，年金機能強化法では，短時間労働者への厚生年金適用拡大や受給資格期間の短縮などが盛り込まれ，被用者年金一元化法も成立しました。

図表Ⅰ部－17　社会保障・税一体改革関連法成立（平成24年）までの経緯

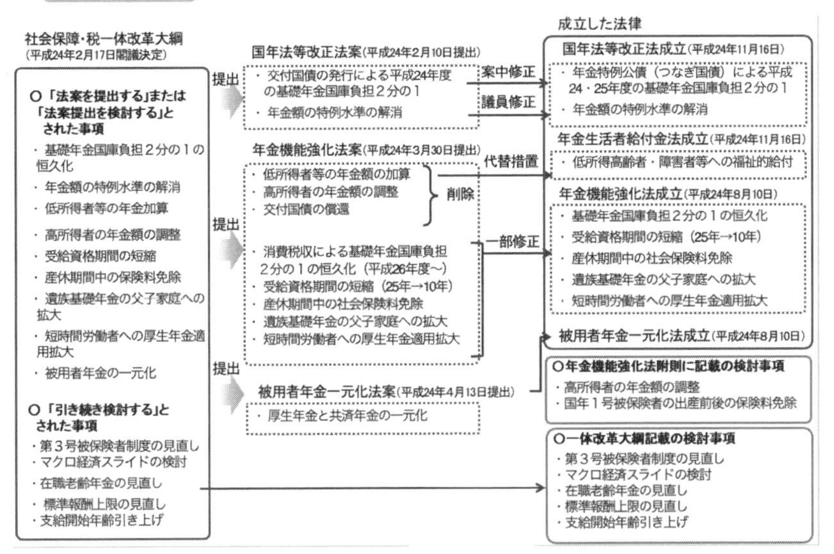

出所：社会保障審議会　第１回年金部会資料（2018年４月４日）より。

その後平成25（2013）年８月の社会保障制度改革国民会議の報告書においてセーフティネット機能を強化する改革に向けての課題が挙げられ，同年12月社会保障改革プログラム法が公布されました。課題として挙げられたのは，「マクロ経済スライドに基づく年金の額の改定の仕組みの在り方」，「短時間労働者に対する厚生年金保険及び健康保険の適用範囲の更なる拡大」，「高齢期における職業生活の多様性に応じ，一人ひとりの状況を踏まえた年金受給の在り方」，そして「高所得者の年金給付の在り方及び公的年金等控除を含めた年金課税の在り方の見直し」でした。公的年金制度を長期的に持続可能性が強固な制度とする取組をさらに進め，セーフティネット機能を強化する観点からこれら４つの課題が挙げられました。

図表Ⅰ部－18　社会保障・税一体改革関連法成立後，社会保障制度改革国民会議報告書（平成25年８月６日）で取り上げられた課題

1　マクロ経済スライドの見直し

○ デフレ経済からの脱却を果たした後においても、実際の物価や賃金の変動度合いによっては、マクロ経済スライドによる調整が十分に機能しないことが短期的に生じ得る。他方で、早期に年金水準の調整を進めた方が、将来の受給者の給付水準は相対的に高く維持。
○ 仮に、将来再びデフレの状況が生じたとしても、年金水準の調整を計画的に進める観点から、マクロ経済スライドの在り方について検討を行うことが必要。
○ 基礎年金の調整期間が長期化し水準が低下する懸念に対し、基礎年金と報酬比例部分のバランスに関しての検討や、公的年金の給付水準の調整を補う私的年金での対応への支援も合わせた検討が求められる。

2　短時間労働者に対する被用者保険の適用拡大

○ 被用者保険の適用拡大を進めていくことは、制度体系の選択の如何にかかわらず必要。適用拡大の努力を重ねることは三党の協議の中でも共有されており、適用拡大の検討を引き続き継続していくことが重要。

3　高齢期の就労と年金受給の在り方

○ 2009年の財政検証で年金制度の持続可能性が確認。また、2025年までかけて厚生年金の支給開始年齢を引き上げている途上。直ちに具体的な見直しを行う環境にはなく、中長期的な課題。
○ この際には、雇用との接続や他の社会保障制度との整合性など、幅広い観点からの検討が必要となることから、検討作業については速やかに開始しておく必要。
○ 高齢化の進行や平均寿命の伸長に伴って、就労期間を伸ばし、より長く保険料を拠出してもらうことを通じて年金水準の確保を図る改革が、多くの先進諸国で実施。日本の将来を展望しても、65歳平均余命は更に4年程度伸長し、高齢者の労働力率の上昇も必要。
○ 2004年改革によって、将来の保険料率を固定し、固定された保険料率による資金投入額に給付総額が規定されているため、支給開始年齢を変えても、長期的な年金給付総額は変わらない。
○ したがって、今後、支給開始年齢の問題は、年金財政上の観点というよりは、一人一人の人生や社会全体の就労と非就労（引退）のバランスの問題として検討されるべき。生涯現役社会の実現を展望しつつ、高齢者の働き方と年金受給との組合せについて、他の先進諸国で取り組まれている改革のねらいや具体的な内容も考慮して議論を進めていくことが必要。

4　高所得者の年金給付の見直し

○ 世代内の再分配機能を強化する検討については、年金制度だけではなく、税制での対応、各種社会保障制度における保険料負担、自己負担や標準報酬上限の在り方など、様々な方法を検討すべき。また、公的年金等控除を始めとした年金課税の在り方について見直しを行っていくべき。

出所：社会保障審議会　第１回年金部会資料より。

そして，平成26（2014）年の財政検証では，所得代替率の将来見通しのほか，それらの検討課題の検証も含まれました。具体的には，オプション試算として，①マクロ経済スライドの仕組みの見直し，②被用者保険の更なる適用拡大，③保険料拠出期間と受給開始年齢の選択制が検証されています。それを受けて，社会保障審議会年金部会において，平成27（2015）年１月に「社会保障審議会年金部会における議論の整理」が公表され，その後，省内において方向性がまとめられたうえで，平成28（2016）年３月に閣議決定を経て法律案が国会へ提出され，秋の臨時国会で，「公的年金制度の持続可能性の向上を図るための国民年金法等の一部を改正する法律」が可決・成立となりました。これまでの経緯などから，今後の課題について主なものをみていきます。

図表Ｉ部－19　公的年金制度の持続可能性の向上を図るための国民年金法等の一部を改正する法律（平成28年法律第114号）の概要

公的年金制度について、制度の持続可能性を高め、将来の世代の給付水準の確保等を図るため、持続可能な社会保障制度の確立を図るための改革の推進に関する法律に基づく社会経済情勢の変化に対応した保障機能の強化、より安全で効率的な年金積立金の管理及び運用のための年金積立金管理運用独立行政法人の組織等の見直し等の所要の措置を講ずる。

概要

１．短時間労働者への被用者保険の適用拡大の促進(平成29年４月施行)
500人以下の企業も、労使の合意に基づき、企業単位で短時間労働者への適用拡大を可能とする。
（国・地方公共団体は、規模にかかわらず適用とする。）
※平成28年10月から、501人以上の企業等で働く短時間労働者への適用拡大を開始している。

２．国民年金第１号被保険者の産前産後期間の保険料の免除(平成31年４月施行)
次世代育成支援のため、国民年金第１号被保険者の産前産後期間の保険料を免除し、免除期間は満額の基礎年金を保障。この財源として、国民年金保険料を月額100円程度引上げ。

３．年金額の改定ルールの見直し((1)は平成30年４月、(2)は2021年４月施行)
公的年金制度の持続可能性を高め、将来世代の給付水準を確保するため、年金額の改定に際して、以下の措置を講じる。
（1）マクロ経済スライドについて、年金の名目額が前年度を下回らない措置を維持しつつ、賃金・物価上昇の範囲内で前年度までの未調整分を含めて調整。
（2）賃金変動が物価変動を下回る場合に賃金変動に合わせて年金額を改定する考え方を徹底。

４．年金積立金管理運用独立行政法人(GPIF)の組織等の見直し(平成29年10月(一部平成29年３月)施行)
合議制の経営委員会を設け、基本ポートフォリオ等の重要な方針に係る意思決定を行うとともに、執行機関の業務執行に対する監督を行うほか、年金積立金の運用に関し、リスク管理の方法の多様化など運用方法を追加する措置を講ずる。

５．日本年金機構の国庫納付規定の整備(平成28年12月27日施行)
日本年金機構に不要財産が生じた場合における国庫納付に係る規定を設ける。

出所：社会保障審議会　第１回年金部会資料より。

第4章 公的年金制度の主な課題

Ⅲ 年金額の改定ルールとマクロ経済スライドの改正

1 年金額の改定ルール

年金額の改定は，法律上規定されており，改定の方法は既裁定者（68歳到達年度以後の既裁定者）であるか新規裁定者（68歳到達年度前の新規裁定者）であるかにより異なります。原則として，既裁定者は，購買力を維持する観点から物価変動率により，改定することとされています。一方，新規裁定者は，現役世代の賃金水準に連動する仕組みとなっていて，名目手取り賃金変動率によって改定します。名目手取り賃金変動率とは，①物価変動率（前年の消費者物価指数の変動率）と②実質賃金変動率（２年度前から４年度前までの３年度平均）と③可処分所得割合変化率（厚生年金保険等の保険料の上昇による手取賃金の変化を調整するための率）の３要素を掛け合わせて算出したものです。

ただし，現行の年金額の改定については，いくつかの特例的なルールがあり，例えば，物価変動率，名目手取り賃金変動率がともにプラスで，物価変動率が名目手取り賃金変動率を上回る場合には，年金を受給し始める際の年金額（新規裁定年金），受給中の年金額（既裁定年金）ともに名目手取り賃金変動率を用いることが定められています。さらには，賃金変動率がマイナスの場合には状況によっては年金額を据え置きにするなど各種の例外措置がとられています。

2　マクロ経済スライド

マクロ経済スライドは，平成16（2004）年改正において，少子高齢化といった長期的な人口構造の変化に対応するため，現役世代の過度の負担を回避し，年金制度の持続可能性を確保するため，保険料の上限を固定したうえで導入された長期的に給付を調整する仕組みです。具体的には，給付額増大の要因となる受給者世代の平均余命の伸長の影響と，保険料負担能力減少の要因となる現役世代の被保険者数の減少の影響を考慮し，賃金変動や物価変動による年金額の伸びから，「スライド調整率」を差し引いて，年金額を改定します。ただし，マクロ経済スライドは，賃金水準と物価水準の変動がともにプラスになった場合に発動されます。また，前年度の年金の名目額を下回らないようにするという名目下限措置がとられています。

図表Ⅰ部－20　マクロ経済スライドと名目下限措置

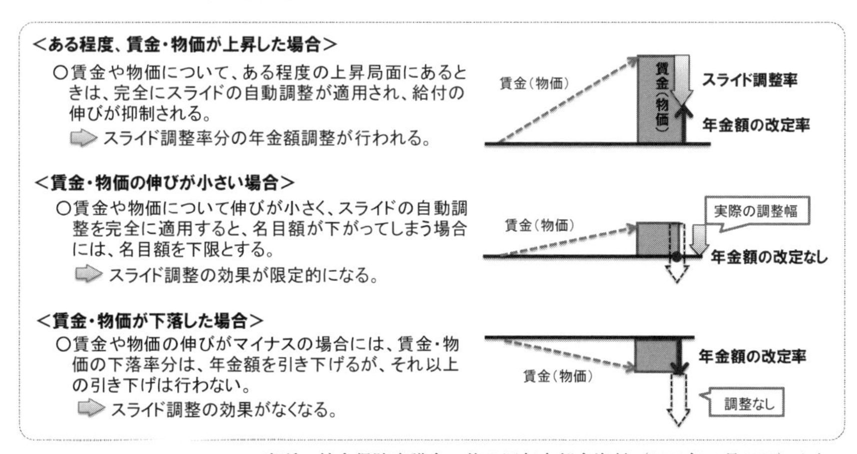

出所：社会保障審議会　第３回年金部会資料（2018年７月30日）より。

3　年金額の改定ルールとマクロ経済スライドの見直し

平成28（2016）年の年金制度改革では，財政的な持続可能性と給付の十分性の両立を目指し，そのバランスをとるため，これまでの年金額の改定のルールの見直しが行われました。

賃金・物価スライドについては，支え手である現役世代の負担能力に応じた給付にするという観点から，賃金変動が物価変動を下回る場合に，これまでのような例外的な扱いは行わず，賃金変動に合わせて改定する仕組みが徹底されます（2021年４月施行）。この年金額改定ルールの見直しは，仮に，現在の若年層の賃金が下がるような経済状況が起きた場合は，現在の年金額も若年層の賃金変化に合わせて改定することで，彼らが将来受給する年金給付水準の低下を防止するものになります。

一方，マクロ経済スライドについては平成16（2004）年改正で導入されていましたが，物価・賃金変動率がプラスの場合のみ発動する決まりであったため，調整が実際に発動されたのは平成27（2015）年の改正前は一度だけでした。したがって，賃金が低下する中であっても年金額は維持されてきたため，現在の受給者の給付水準は上昇し，将来の受給者の給付水準は低下することになりま

図表Ⅰ部−21　年金額の改定（スライド）のルール

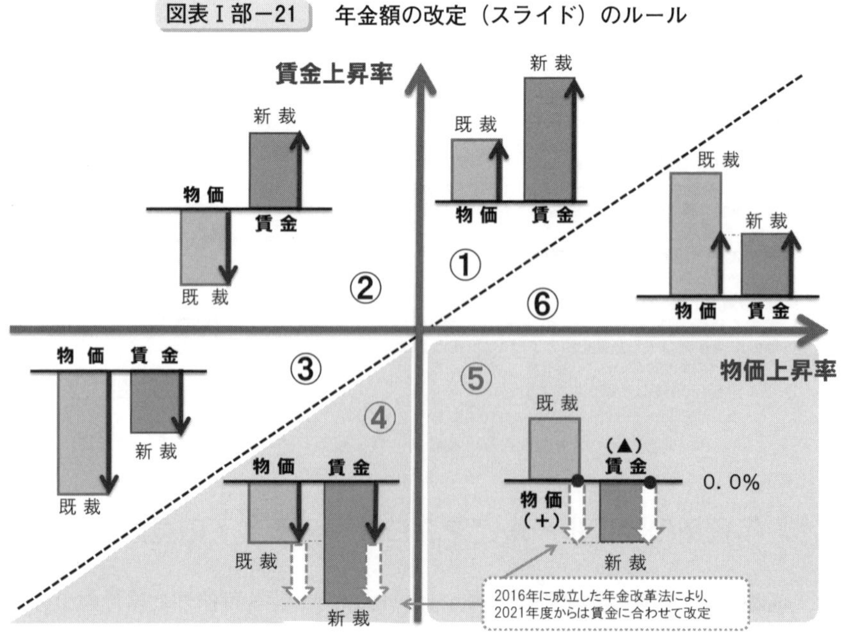

出所：社会保障審議会　第３回年金部会資料より。

す。つまり，マクロ経済スライドの発動が遅ければ，現在の受給者の給付水準は上昇し，将来の受給者（現在の現役世代）の給付水準は低下してしまいます。

そこで，マクロ経済スライドによる調整をできる限り早期に行うという観点から，調整ルールを見直し，景気回復期にそれまでの未調整分も合わせて調整する（キャリーオーバー）こととされました（平成30（2018）年４月施行）。

ちなみに，2018年度は年金額が据え置かれたため，マクロ経済スライドは発動されず，翌年以降にその分が繰り越されました。そして，2019年度の年金額の改定は，年金額改定に用いる物価変動率（1.0％）が名目手取り賃金変動率（0.6％）よりも高いため（図表Ⅰ部－21⑥），新規裁定年金・既裁定年金ともに名目手取り賃金変動率（0.6％）が適用され，さらにマクロ経済スライドによる2019年度のスライド調整率（▲0.2％）と2018年度に繰り越されたマクロ経済スライドの未調整分（▲0.3％）がともに適用されることになり，結果として改定率は0.1％となりました。

図表Ⅰ部－22　年金額の改定ルールの見直し

○ 制度の持続可能性を高め、将来世代の給付水準を確保するため、年金額改定に際し以下の措置を講じる。

① **マクロ経済スライド**について、現在の高齢世代に配慮しつつ、できる限り早期に調整する観点から、**名目下限措置を維持し、賃金・物価上昇の範囲内で前年度までの未調整分を調整**。【2018年4月施行】

② **賃金・物価スライド**について、支え手である現役世代の負担能力に応じた給付とする観点から、**賃金変動が物価変動を下回る場合には賃金変動に合わせて改定する考え方を徹底**。【2021年4月施行】

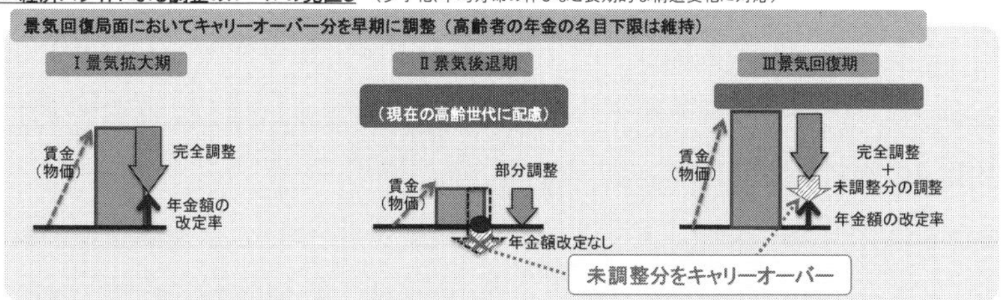

② **賃金・物価スライドの見直し**（賃金・物価動向など短期的な経済動向の変化に対応）

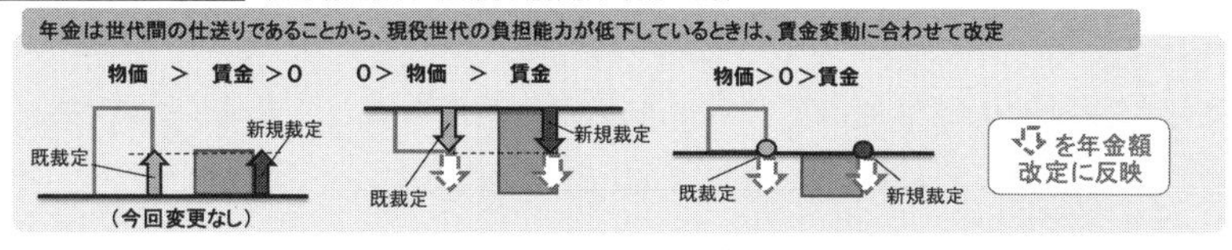

出所：社会保障審議会　第３回年金部会資料より。

第４章　公的年金制度の主な課題

Ⅳ 社会保険の適用拡大について

1 短時間労働者への社会保険の適用拡大の促進

社会保険の適用拡大とは，事業主に雇われて労働者として働いている人に対しては，できるだけ等しく社会保険（被用者保険とも言われ，厚生年金保険・健康保険のこと）を適用していくことです。働きたい人が働きやすい環境を整えるとともに，短時間労働者の保障を厚くするためにも，社会保険の適用拡大を進めていくことが重要となっています。

厚生年金保険に加入することで，老後には老齢基礎年金に加えて報酬比例の老齢厚生年金を受け取ることができるので老後の年金額が増えます。さらに，障害状態になった場合には，障害基礎年金に加えて障害厚生年金を受け取ることができるなど，加入者にはメリットがあります。健康保険にも加入することになるので，傷病手当金や出産手当金といった独自の給付も受けられます。社会保険の保険料は，事業主と折半負担です。

また，社会保険の適用拡大を進めていくと，国民年金（基礎年金）の財政が改善し所得代替率は上昇します。これは，１つには，適用拡大によって，第１号被保険者が減少するため，第１号被保険者１人当たりの国民年金の積立金が増加し，将来の基礎年金の給付水準を支える効果も大きくなるからです。

短時間労働者への適用拡大は，以下のように進められています。

①　（平成28（2016）年10月～）501人以上の企業で，週労働時間20時間以上，

月収8.8万円以上等の要件を満たす短時間労働者に適用拡大。

② （平成29（2017）年４月～）500人以下の企業で，労使の合意に基づき，企業単位で，短時間労働者への適用拡大を可能とする。（国・地方公共団体は，規模にかかわらず適用とする）

③ さらなる適用拡大について検討を加え，その結果に基づき，必要な措置を実施。

2 社会保険のさらなる適用拡大について

今後，マクロ経済スライドによる調整が進むことを考慮すると，給付水準の確保にもプラスの効果が得られる社会保険保険の適用拡大をさらに進めていくことは制度全体を考えれば重要な課題となります。

また，適用拡大の意義や必要性については，第１に，被用者にふさわしい保障の実現に資すること，第２に，働き方や雇用の選択を歪めない制度の構築に資すること，第３に，社会保障の機能強化に資することとされています。適用拡大によって，厚生年金による保障や健康保険による保障が確保されることは重要です。また，就業調整が生じている可能性がこれまで指摘されてきましたが，適用拡大などを通じて働き方に中立的な制度を実現させる必要もあるでしょう。

一方，適用拡大に伴う事業者負担等については，中小企業者等の実情を勘案しつつ検討する必要があります。具体的には，中小企業等の負担面を考慮した段階的な実施や必要な支援などは検討すべきといえるでしょう。

なお，第３号被保険者については，さまざまな属性の人が混在しているため，まずは被用者性が高い人は被用者保険を適用していくことが求められます。社会保険の適用拡大を進めていくなかで，縮小・見直しに向けたステップを踏んでいくことになるでしょう。

社会保険（被用者保険）の適用拡大については，企業規模要件や賃金要件など引き続き検討を加え，財政検証の結果を受けて，必要な措置を講じていくことになるでしょう。改正動向に注目していく必要があります。

第4章　公的年金制度の主な課題

V 高齢期の就労と年金

1 高齢期の長期化，就労の拡大・多様化と年金制度

人生100年時代が現実味を帯びていくなか，年齢に関わらず活躍できるよう，就労期間の伸びを年金制度上も反映し，多様な年金と雇用の組合わせを可能にする制度の柔軟化が必要になります。

公的年金の支給は原則65歳からです。平成16（2004）年改正でマクロ経済スライドが導入され，財政スキームが大きく変わり保険料率が固定され，年金の財源が固定されたため，支給開始年齢の一律引き上げについては，財政的にも論点ではなくなりました。むしろ，今後は，個人単位で，なるべく長い期間働き，さらに年金の受給開始時期を少しでも遅らせて（繰り下げて），給付に厚みを持たせるなどの検討の方が必要になります。

2 個人が受給開始時期を選ぶ時代へ

公的年金の支給開始年齢は原則65歳からですが，個人単位で，受給開始時期をいつからにするのか，現在は，60歳から70歳の間で選ぶことができるようになっています。繰上げによる減額率・繰下げによる増額率については，選択された受給開始時期にかかわらず年金財政上中立となるよう設定されています。就労期間が伸びて長生きリスクに備えるという意味では，終身年金である公的年金の繰下げは有効といえます。しかし，現在の利用率は低い状態です。これ

は，特別支給の老齢厚生年金があるうちは現実的に繰下げ選択は難しいとも考えられます。公的年金の支給が65歳からとなる世代に対して，もっと周知を進めるなど，正確に知ってもらうことがまずは必要です。なお，その際にはもちろん留意点についても，しっかり知ってもらうことも必要になります。

3　在職老齢年金について

在職老齢年金は，厚生年金保険に加入して働き，一定以上の給与（賞与含む）を得ている60歳以上の厚生年金の受給者を対象に，年金支給を停止する仕組みですが，高齢期の就労意欲を妨げているのではないかという意見があります。64歳までの在職老齢年金（低在老）については，いずれ対象者がいなくなるため令和７（2025）年（男子。女子は令和12（2030）年）までの制度といえます。一方，65歳以降の在職老齢年金（高在老）について，恒久措置ではありますが，対象となる人は収入も年金も多い人に限られています。また，就労意欲を抑制しているといったことは研究結果などからはみられません。廃止した場合の財政への影響が指摘される一方で，将来に向けて総合的に捉えるべきという意見もあります。在職老齢年金の在り方については高齢者の就労と関連するところなので，論点となりやすいところです。注視していく必要があります。

4　被保険者期間の在り方

国民年金の被保険者期間を65歳まで延長するという案については平成26（2014）年の財政検証時に示されました。厚生年金保険は現在では70歳までですが，国民年金の被保険者期間は20歳から60歳までで昭和36（1961）年の制度創設時から変わっていません。被保険者期間が伸びれば基礎年金も厚くなります。ただし，これには，基礎年金の国庫負担に影響を与え財政上の問題が大きいため，難しい課題となっています。しかしながら，この課題についても，財政検証等の結果を受けて，検討していく必要があるでしょう。

いずれにしても，その他の事項も含め，2019年の財政検証を受けた改正動向に注目しましょう。

私的年金

～企業年金・個人年金～

第1章 重要度を増す私的年金

Ⅰ 企業年金等の種類と背景

1 老後の所得確保と私的年金

少子高齢化が急速に進んでいる日本では，公的年金制度については，将来にわたり持続可能性を高めるため，また，将来世代の負担をこれ以上増やさずに，かつ給付水準を確保するため，平成16（2004）年改正以降，財政フレームは，決められた収入の範囲内で，年金の給付水準を調整（マクロ経済スライド調整）し確保する仕組みとなっています。したがって，今後，給付水準（所得代替率）は一定水準低下していく方向へ向かっていくこととなります。

社会経済が変化していく中で，これからは，就労期間を延ばしていくとともに，公的年金と私的年金を組み合わせて老後の所得を確保していくなど個々人で備えることがますます求められている時代となっていくことでしょう。

私的年金制度は，公的年金の上乗せの年金制度として，公的年金を補完しています。私的年金には，企業が導入する企業年金と個人が任意で加入する個人年金があり，老後の所得確保を支援する重要な役割を担っています。そのうち，企業年金の中には，従業員も掛金を拠出できるものや個人型の年金に企業も拠出できるものがあります。

2 企業年金等の主な種類と歴史的背景

企業年金には，給付額を先に確定し，そのために必要な掛金を企業側が積み

図表Ⅱ部－１　高齢期の長期化と就労の拡大・多様化を受けた年金制度の対応の方向性

【社会経済の変化】

- 高齢期の長期化
- 長寿確率の上昇

- 高齢者の就業の拡大
  - ・就業・社会参加意欲、健康保持
  - ・人手不足の中での労働力確保の要請
  - ・多様な働き方への希望、健康状況等の個々人の差の存在

【年金制度の今後の見通し】

- 一定の経済成長と労働市場参加の促進があれば、現行の財政フレームでモデル世帯の所得代替率50%確保の見通し
- 今後、デフレ脱却に伴う物価・賃金の上昇により、マクロ経済スライド調整による年金水準の調整が本格化

【これらの変化を踏まえた年金制度の対応の方向性】

- 就労期間の延伸を年金制度上も反映し、長期化する高齢期の経済基盤を充実
- 多様な年金と雇用の組合せを可能にする制度の柔軟化・改善
- 長期化する高齢期に対処するための対応策の促進（私的年金の在り方）

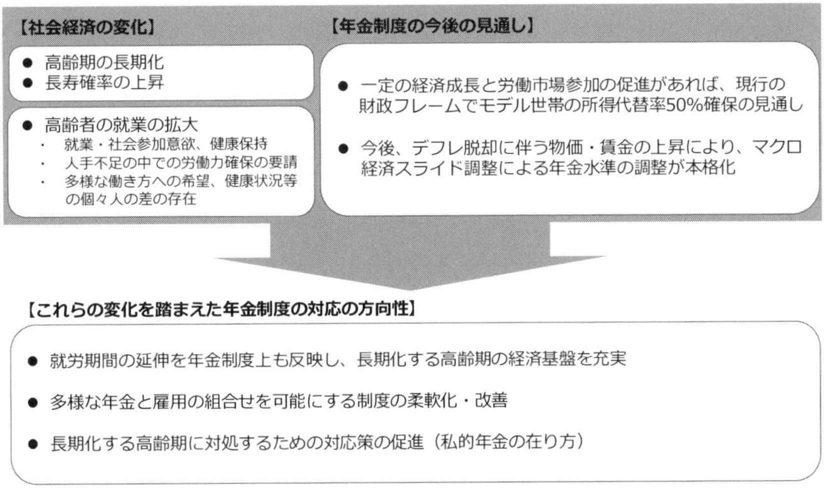

出所：社会保障審議会　第５回年金部会資料（2018年10月10日）より作成。

立て運用していく確定給付型と，掛金を先に確定し，企業が拠出した掛金を加入者本人が運用していき給付額は運用結果によって変動する確定拠出型があります。

日本においては，退職時に一時金を支払うのが従来から一般的な慣行でした。当初は「功労・報償」的な意味合いが強いものでしたが,「賃金の後払い」として位置付けられるようになり現在でも多く企業で導入されています。しかし，1950年代後半頃から企業にとって退職一時金の支払い負担が大きくなり資金負担を平準化し事前に準備をしておくことの必要性が高まりました。

そこで昭和37（1962）年には適格退職年金制度が創設され，外部積立のもと掛金損金算入など税制面でもメリットが大きいものでしたが，受給権保護が十分でなかったことなどが問題となり平成24（2012）年３月末で廃止されました。また昭和41（1966）年に創設された厚生年金基金は，国の年金の一部を代行し，厚生年金保険の給付水準の改善が期待されましたが，その後の社会経済状況の悪化による運用難などにより資産の積立不足が問題となり，代行返上や解散が増加し，平成26（2014）年４月以降は改正により新設が認められなくなりまし

図表Ⅱ部－2　年金制度の体系

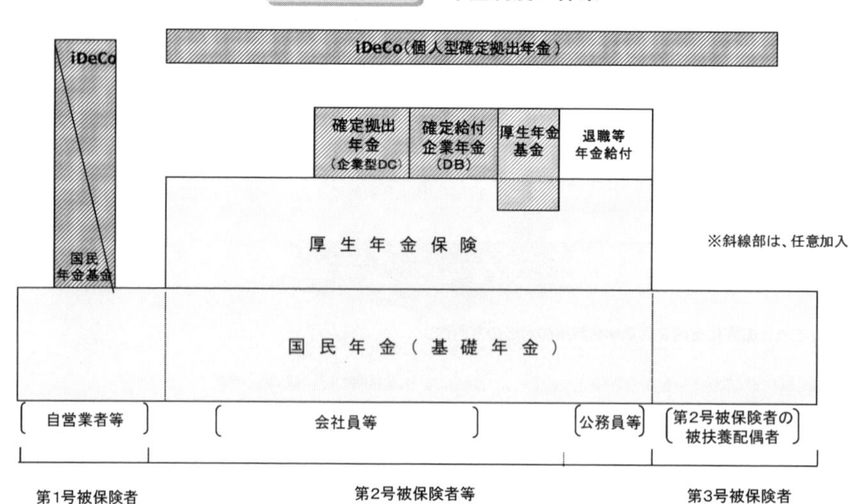

た。現在では，代行部分に不足が発生している基金の解散が進んでいます。前述の適格退職年金も厚生年金基金も確定給付型の年金です。確定給付型の年金は，給付に必要な積立金に満たない場合は，企業が補填する必要があるため企業の業績にマイナスの影響を及ぼしたり，加入者の受給権が保護されないなどのケースも発生します。

このような歴史的背景のもと，現在では，平成13（2001）年に受給権保護などを十分に図るために法律が制定され創設された確定給付型の確定給付企業年金と，確定拠出型の確定拠出年金が，企業年金の大きな柱となっています。そして，その意味合いも，公的年金制度を補完する「老後の所得確保」の支援という位置づけが強まっています。確定給付企業年金と確定拠出年金については，より柔軟な制度設計に向けた改正がこれまでに何度か行われています。

図表Ⅱ部－3　企業年金制度の主な沿革

	適格退職年金・厚生年金基金	確定給付企業年金	確定拠出年金	その他の動き
昭和37	・適格退職年金創設			
41	・厚生年金基金制度創設			
平成3				・バブル崩壊
9				・規制緩和推進計画を閣議決定（確定拠出年金の導入を検討）
10				・金融ビッグバン
12			・確定拠出年金法案提出（→臨時国会で再提出）	・退職給付新会計基準導入
13	・適格退職年金の10年後廃止決定	・確定給付企業年金法案提出 ・確定給付企業年金法成立	・確定拠出年金法成立 ・確定拠出年金法施行	
14	・代行返上（将来返上分）開始	・確定給付企業年金法施行		
15	・代行返上（過去期間分）開始			
16			・拠出限度額引上げ	
17		・ポータビリティの拡充	・中途脱退要件の緩和	
21				
22			・拠出限度額引上げ	
23		・給付設計の弾力化	・年金確保支援法成立 ―マッチング拠出導入 ―中途脱退要件の緩和	
24	・適格退職年金の廃止			・退職給付会計基準改正
26	・厚生年金基金の新設を認めず，特例的な解散制度を導入		・拠出限度額引上げ（予定）	
28		・リスク対応掛金やリスク分担型企業年金の導入 等	・個人型の加入可能範囲の拡大 ・ポータビリティの拡充 ・中小企業向け施策の充実 ・運用の改善 ・継続投資教育の努力義務化 等	

出所：社会保障審議会　第1回企業年金・個人年金部会（2019年2月22日）資料をもとに筆者作成。

第2章 厚生年金基金制度について

Ⅰ 厚生年金基金制度の仕組み

1 設立の背景

厚生年金基金は，わが国の退職金制度の充実が進み，その年金化が普及するなか，企業の退職金と公的年金である厚生年金保険との間に調整機能を備えた制度として，昭和41（1966）年10月から始まりました。厚生年金基金は，厚生労働省の認可を受けて設立された特別の公法人であり，高齢期に従業員が手厚い所得保障を受けるための確定給付の企業年金制度です。老齢厚生年金の報酬比例部分の一部を国に代わって支給する代行部分に，各厚生年金基金独自の上乗せ給付（プラスアルファ）を行います。

厚生年金基金加入者は，ピーク時には厚生年金被保険者の約3割となっていましたが，運用環境の悪化や平成14（2002）年の確定給付企業年金法の施行により，代行部分を国に返上し確定給付企業年金への移行が進みました。さらに，リーマン・ショックによる市場低迷やAIJ投資顧問の年金資産消失がきっかけとなり，平成26（2014）年4月から厚生年金基金の新設は認められず他の企業年金等への移行支援がなされることにより，厚生年金基金の数は減少しています。

2 設立形態（人数は全て設立時加入員規模）

設立の形態は，3つあります。

①　単独設立……１つの企業で設立。1,000人以上（平成17（2005）年４月１日前の設立は500人以上）。

②　連合設立……企業グループなど資本提携のある複数の企業が設立。1,000人以上（平成17（2005）年４月１日前の設立は800人以上）。

③　総合設立……同じ業種等の資本提携のない複数の中小企業が共同で設立。5,000人以上（平成17（2005）年４月１日前の設立は3,000人以上）。

3　基本的な仕組み

厚生年金基金は，厚生年金保険法により設立を認められた特別法人で，老齢厚生年金の報酬比例部分の一部を代行運用（代行部分）し，厚生年金基金がさらに上乗せ給付を行うという日本独自の仕組みです。

代行部分には，再評価及びスライド部分は含まれません。再評価及びスライド部分は，老齢厚生年金の報酬比例部分として支給されます。国が支給する報酬比例部分には代行部分の費用がかからないため，厚生年金保険の保険料が一部免除されます。これを免除保険料といい，厚生年金基金ごとに2.4％から5.0％の範囲で厚生労働大臣により決定されます。厚生年金基金の事業主および加入員は，厚生年金基金に免除保険料を納付し，厚生年金保険に厚生年金保険料から免除保険料を差し引いた保険料を納付します。

代行部分は公的年金としての性格を持ちますので，厚生年金基金に加入していない人と同様の額の支給がなされなければなりません。厚生年金基金が解散した場合は，最終的に厚生年金保険で給付をします。

給付の形態は代行型と加算型の２つです。

1．代行型

掛金や給付は，厚生年金保険と同様に行います。そのため，分かりやすく，より代行的意味合いが強い仕組みです。ただし，公的年金の上乗せとしての企業年金制度または退職一時金制度の設計には適当でない場合があります。

2．加算型

給付は，基本部分と加算部分があります。代行部分と同じ方式により，主に代行部分である基本部分と基本部分に上乗せをする加算部分からなっています。支払いを保障しなければならない代行部分は基本部分でまかなうため，加算部分は企業独自の考え方で給付設計ができます。これにより，今までの企業年金制度や退職一時金制度は厚生年金基金へ移行しやすく，厚生年金基金の給付がより充実したものとなりました。昭和50（1975）年以降では，代行型で新設された厚生年金基金が加算型に移行するケースや，新設された全ての厚生年金基金は加算型となるなど加算型が増加しました。

その後，加算部分については給付設計が多様化しました。

① キャッシュバランスプラン……確定給付型年金と確定拠出型年金の両方の特徴を併せ持つ給付設計です。これは，仮想の個人口座で管理され，給与の一定割合等の累計が市場金利等に連動する仕組みです。

② グループ区分……事業所や職種等により退職金制度が異なる場合に，加入員ごとに異なるグループ区分を設定し，グループ区分ごとに給付設計をすることができます。

図表Ⅱ部－4　厚生年金基金制度の仕組み

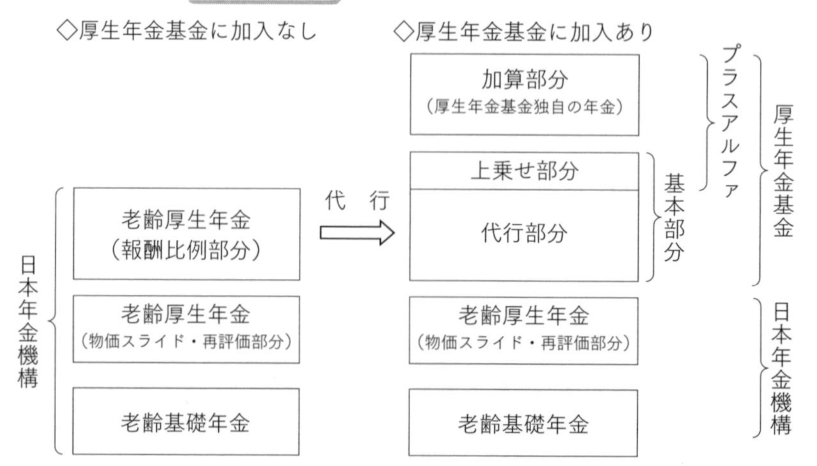

出所：企業年金連合会「企業年金に関する基礎資料」より作成。

③　第2加算年金……加算部分の給付を受ける加入員とは別に，第2加算年金を新設することができます。これは，加算適用加入員（正社員，契約社員など）がいた場合，正社員だけに第2加算年金を支給することができます。

④　ポイント制……勤続年数と等級別在職年数などをポイント化し，その合計ポイントに1点当たりの単価を乗じたものを加算給与とします。毎年その加算給与を積み上げたものを支給します。

4　厚生年金基金制度の見直し

厚生年金基金がスタートした頃は，免除保険料は全基金一律でした。従業員の年齢構成が若いため代行部分を免除保険料率以下でまかなえたり，一律5.5％の予定利率だった利率を上回る厚生年金基金が多くありました。加えて，代行部分とプラスアルファの積立金を合わせたスケールメリットを生かした効率的な運用がなされ，厚生年金基金は企業年金制度の普及に大きな役割を果たしたのです。

しかし，企業年金制度がない厚生年金被保険者等との公平性の観点から免除保険料率が個別化になったことやバブル崩壊により運用環境が悪化し，代行部分の積立不足が発生し始めました。平成11（1999）年及び平成16（2004）年の最低責任準備金（厚生年金基金が解散・代行返上した場合に国に移換すべき額）の計算方法の見直しや給付現価負担金制度導入により財政運営が見直しとなり，代行部分の積立金による損得はなくなりましたが，代行部分の給付は厚生年金保険全体で行うことから財政への影響が懸念されました。

平成14（2002）年の確定給付企業年金法の施行や代行部分を含めた年金債務が母体企業の財務諸表で認識される会計基準の見直しにより，単独設立や連合設立の厚生年金基金は相次いで代行返上し確定給付企業年金に移行しました。リーマン・ショック後の平成22（2010）年度末には，総合型の厚生年金基金の代行割れが全体の約4割，代行割れ総額は約6,300億円となりました。

平成24（2012）年のAIJ投資顧問による年金資産消失により，厚生年金基金が存続できるかという将来への懸念や解散時の積立不足の負担から連帯債務による連鎖倒産（特例解散）が明るみになります。このことにより，「公的年金制度の健全性及び信頼性の確保のための厚生年金保険法等の一部を改正する法律」が平成26（2014）年４月１日に施行されました。施行日以後は，厚生年金基金の新設は認められません。

また，施行日から５年間に，全体の約１割を占める健全な厚生年金基金（代行部分に対する純資産の積立状況の積立比率が1.5以上又は最低積立基準額確保）を除いて他の企業年金等への移行や解散を促すことになりました。約４割の代行割れの厚生年金基金（代行部分に対する純資産の積立比率が1.0未満）と約５割の代行割れ予備軍（代行部分に対する純資産の積立比率が1.0以上1.5未満）の厚生年金基金が，５年間に他の企業年金等への移行または解散をしない場合は，５年後以降に厚生労働大臣が第三者委員会の意見を聴いて解散命令をします。代行割れの厚生年金基金を早期に解決するため一定の要件を満たす場合には，最低責任準備金の分割納付を最長30年とし，事業所間に債務があった際の連帯債務を外し各事業所が直接不足額を国に支払うようにする等の特例的な解散制度の導入が行われました。

同時に上乗せ給付の受給権保全を支援するため，企業年金への移行支援をより進めました。確定給付企業年金への移行として特別掛金の予定償却年数を最長30年までに，確定拠出年金への移行として最低責任準備金に不足があっても移行できる措置等が取られました。その結果，厚生年金基金として付番された数は最大で1,900を超えましたが，平成31（2019）年４月時点で存続する厚生年金基金は８基金となり，今後さらに減少する予定です。

5 厚生年金基金から企業年金連合会への移換

企業年金連合会は，厚生年金基金の中途脱退者や解散基金加入員，確定給付企業年金の中途脱退者や終了制度加入者等から年金原資の移換を受けています。ここでは，厚生年金基金から企業年金連合会への移換である中途脱退者と解散基金加入員の年金給付について触れていきます。

厚生年金基金を原則10年未満（規約により15年未満）で辞めた人を中途脱退者といいます。若い頃に短期間厚生年金基金に加入した場合は，老齢厚生年金の支給開始年齢まで長期間にわたり，給付を管理する負担があります。また，転職で複数の厚生年金基金に加入した場合は，請求時に複数の厚生年金基金に請求しなければなりません。

厚生年金基金が解散し残余財産があった場合でも，その残余財産が一時金でしか受け取れないときは老後の生活が守られません。そのため，企業年金連合会は中途脱退者と解散基金加入員の年金給付を厚生年金基金から引き継ぎ，支給を行います。平成26（2014）年４月施行による「公的年金制度の健全性及び信頼性の確保のための厚生年金保険法等の一部を改正する法律」により，平成26（2014）年３月以前と平成26（2014）年４月以降は取扱いが変わります。なお，代行部分の支給開始年齢は厚生年金保険と同じです。

1．中途脱退者

平成26（2014）年３月以前に企業年金連合会に基本部分の支給義務移転の申

図表Ⅱ部－５　企業年金連合会が行う主な給付の種類

<table>
<tr><th rowspan="2">対象者</th><th rowspan="2">連合会へ移換された年金原資</th><th colspan="3">連合会へ年金原資が移換された時期と支給される年金の名称</th></tr>
<tr><th>平成17年9月以前</th><th>平成17年10月以降</th><th>平成26年4月以降</th></tr>
<tr><td rowspan="2">厚生年金基金の中途脱退者</td><td>基本部分（代行部分とプラスアルファ）</td><td colspan="2">基本年金</td><td>※</td></tr>
<tr><td>脱退一時金相当額</td><td>基本加算年金</td><td colspan="2">通算企業年金</td></tr>
<tr><td rowspan="2">解散した厚生年金基金の解散基金加入員</td><td>代行部分</td><td colspan="2">代行年金</td><td>※</td></tr>
<tr><td>残余財産分配金</td><td>代行加算年金</td><td colspan="2">通算企業年金</td></tr>
</table>

※平成26年４月以降は，連合会へ基本部分の支給義務の移転を申し出ることはできません。また，平成26年４月以降に解散した厚生年金基金の代行部分は連合会に引き継がれません。

出所：企業年金連合会ホームページより抜粋。

出がされれば，基本年金が支給されます。基本年金と合わせて脱退一時金相当額（加算部分）の移換が行われた場合は通算企業年金も支給され，これは死亡一時金や選択一時金があります。老齢厚生年金の受給資格の有無にかかわらず，1カ月でも加入があれば年金を請求できます。平成26（2014）年4月以降は，脱退一時金相当額のみの移換で，基本部分の移転の申出はできません。

2．解散基金加入員

平成26（2014）年3月以前に解散した厚生年金基金の加入員に，代行年金を支給します。代行年金と残余財産分配金を企業年金連合会に移換した人には，通算企業年金が支給されます。中途脱退者と異なり，（特別支給の）老齢厚生年金と同様に在職老齢年金や雇用保険の調整の対象になります。請求時には裁定請求書が自動的に送付されませんので，老齢厚生年金の支給開始年齢に達した後に請求者が取り寄せる必要があります。老齢厚生年金の受給資格期間の改正に合わせて，平成29（2017）年8月から10年以上で支給されるようになりました。平成26（2014）年4月以降に解散した場合は，残余財産分配金のみを企業年金連合会に移換して，年金として受け取ることができます。

第３章　確定給付企業年金制度の概要

Ⅰ　受給権保護を図る企業年金制度

1　制度の概要

１．確定給付企業年金制度とは

確定給付企業年金（DB）は，企業が従業員と給付の内容を約束し，高齢期において従業員がその内容に基づいた給付を受けることができる確定給付型の企業年金制度です。平成13（2001）年６月に「確定給付企業年金法」が制定され，平成14（2002）年４月から実施されています。

厚生年金基金や税制適格退職年金が抱えていた年金原資の積立不足等による問題を解決し，年金受給権の保護等を目的とした制度です。厚生年金本体の代行を行わないため，従来の厚生年金基金と比べると企業の負担が少なく，また，制度間での移行措置によって代行部分を国へ返上することが可能となったこともこの制度の創設の趣旨といえます。

企業等が厚生労働大臣の認可を受けて企業母体とは別の法人（企業年金基金）を設立する「基金型」と，労使合意の年金規約を企業等が作成し，厚生労働大臣の承認を受けて実施する「規約型」があります。基金型は企業年金基金が，規約型は企業等が，年金資産を管理・運用して年金給付を行います。

２．基金型企業年金（企業年金基金）

母体企業とは別の法人格を持った基金を設立した上で，基金において年金資

図表Ⅱ部－6　基金型のスキーム図

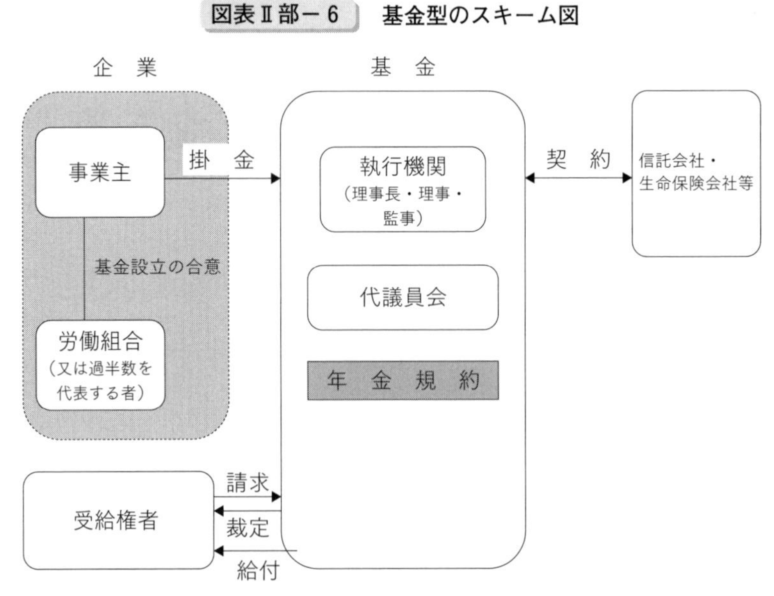

出所：厚生労働省「確定給付企業年金法の概要」より。

金を管理・運用し，年金給付を行う企業年金です。厚生年金基金のように老齢厚生年金の代行給付は行わないため，一般的に基金型企業年金は「代行なし基金」と呼ばれることもあります。

3．規約型企業年金

企業が単独または共同で規約を作成し，労使が合意した規約に基づいて，企業と信託会社・生命保険会社等が，掛金の払込みや積立金の管理等に関する契約を締結します。掛金の拠出は企業が行いますが，年金原資は母体企業の外で管理・運用され，年金給付が行われる企業年金です。

4．確定給付企業年金制度の開始

企業年金を実施しようとする企業は，労使の合意に基づき，制度の内容を規定した年金規約を作成し，厚生労働大臣の承認（基金の場合は基金の設立認可）を受ける必要があります。また，複数企業により，規約を定めることもで

図表Ⅱ部－7　規約型のスキーム図

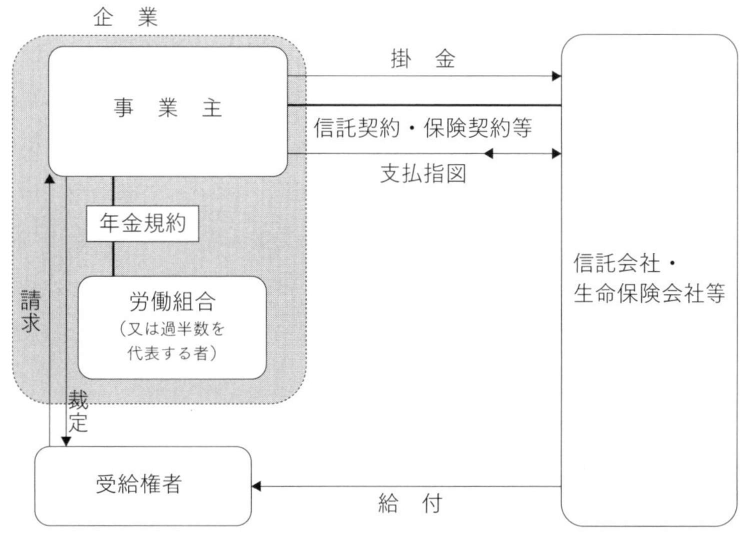

出所：厚生労働省「確定給付企業年金法の概要」より。

きます。

年金規約に規定する主な内容としては，受給資格に関すること，給付内容・方法に関すること，掛金負担に関することなどがあります。

5．対象者・加入者資格

原則として厚生年金適用事業所の被保険者が対象者となりますが，年金規約において一定の加入者資格を定めることができます。なお，一定の資格として定めることができるのは，以下の①～④です。それ以外は基本的には特定の者に不当に差別的な取扱いとなるものとして認められません。また，その定めによって加入者とならない者については，他の企業年金制度等の実施その他一定の措置が求められています。

① 「一定の職種」

「職種」とは，研究職，営業職，事務職などで，労働条件が就業規則等で他の職種とは区別して規定されている必要があります。

② 「一定の勤続期間」,「一定の年齢」

加入者としないことに合理的な理由がある場合に限り認められます。加入資格の定めを「一定の勤続期間」以上とする場合は5年以上,「一定の年齢」以上とする場合は30歳以上,「一定の年齢」未満とする場合は50歳未満の従業員については,少なくとも加入者とする必要があります。

③ 「希望する者」

「加入者となることを希望した者」のみを加入者とする場合は,加入者がその資格を喪失することを任意に選択できるものでなく,かつ,将来にわたって安定的な加入者数が確保されるように制度設計上配慮されていることとされています。

④ 「休職等期間中ではない者」

休職等期間の全部または一部が,就業規則等により退職金の算定対象期間に含まれないなど加入者としないことに合理的な理由がある場合は,その休職者以外の従業員を加入者と定めることができます。

6．掛金

事業主は,年1回以上,定期的に掛金を拠出しなければなりません。また,掛金は事業主が負担することを原則としつつ,年金規約で定める場合には,加入者の同意を前提として,事業主掛金に併せて,本人が掛金の一部を拠出することも可能とされます。ただし,加入者掛金は,事業主掛金の額の2分の1を超えてはならないものとされています。

掛金の額は,定額または給与に一定の割合を乗ずる方法などで算定されます。

7．資産運用

年金資産の運用は,安全かつ効率的に行われなければならないとされ,原則として,信託会社,生命保険会社,投資顧問業者等が行うものとされていますが,資金の管理運用体制が整っていること等の条件のもとに,基金は自ら資産運用を行うことができます。

8．確定給付企業年金制度の終了

①事業主と加入者等が，制度の終了について一定の手続きを経て合意し，厚生労働大臣の承認を得た場合や，②母体企業の破産等により継続不能となった場合，③厚生労働大臣が規約の承認または基金の設立認可を取り消した場合には，制度を終了（解散）することになります。なお，残余財産は加入者等に分配され，事業主への返還は認められません。

2　確定給付企業年金の給付

確定給付企業年金の給付は，老齢給付金，脱退一時金の給付を必ず行うほか，規約で定めるところにより，障害給付金，遺族給付金の給付を任意で行うことができます。

1．年金給付の支給期間等

年金給付の支給期間等は，規約が定めるところによって，終身または5年以上にわたり，毎年1回以上，定期的に支給するものでなければなりません。

〈支給期間及び支払期月〉

① 終身年金または5年以上の有期年金

② 毎年1回以上，定期的に支給

③ 保証期間を定める場合は20年以内

2．老齢給付金

老齢給付金は，加入者または加入者等が，規約で定める老齢給付金を受けるための要件を満たすこととなったときに支給されます。なお。規約において，20年を超える加入者期間を老齢給付金の給付を受けるための要件として定めることはできません。

〈支給要件〉

20年以下の規約で定める期間要件を満たす者へ次の場合に支給

ア 60歳以上65歳以下の規約で定める年齢に達したとき。

イ 50歳以上で規約に定めるアの年齢に達した日以後に，実施事業所に使用されなくなったとき。

また，老齢給付金の支給要件を満たす加入者等は，給付の請求前であれば，規約の定めにより，老齢給付金の「支給の繰下げ」の申出をして給付の受取り時期を遅らせることができます。さらに，老齢給付金は，年金としての支給のほか，規約でその全部または一部を一時金として支給することを定めることにより，一時金での支給も可能となります。

この場合，加入者等は，規約で定める選択肢の中から，受給時期をいつにするか，年金と一時金のどちらで受け取るか，あるいは，年金と一時金の両方をどのような割合で組み合わせて受け取るかなどについて，老後のライフプランに合わせて自身で自由に選択することができます。

3．脱退一時金

脱退一時金は，加入者が一定の要件に該当し，かつ，規約等で定める脱退一時金を受けるための要件を満たすこととなったときに，一時金として支給するものです。

支給要件としては，加入者であって，規約で定める老齢給付金の期間要件も年齢要件も満たさない場合や，老齢給付金の期間要件は満たすが年齢要件を満たさない場合など一定の要件があります。なお，規約で定める脱退一時金を受けるための要件としては，3年を超える加入者期間を定めてはならないものとされています。

4．障害給付金

障害給付金は，規約において障害給付金を支給することを定めている場合に，規約に定めるところにより，一定程度の障害の状態に該当する者に，年金または一時金として支給するものです。なお，規約で定める程度の障害の状態は，厚生年金保険法で定められている1級，2級及び3級の障害等級の範囲内でなければなりません。

5．遺族給付金

遺族給付金は，規約において遺族給付金を支給することを定めている場合で，加入者等の給付対象者が死亡したときに，年金または一時金として，その者の遺族に支給するものです。

遺族の範囲は，以下の者のうち規約で定めるものとされています。

〈遺族の範囲〉

ⅰ　配偶者（事実婚を含む）

ⅱ　子，父母，孫，祖父母及び兄弟姉妹

ⅲ　死亡の当時死亡した者によって生計維持されていたその他の親族

なお，遺族給付金を受けることができる遺族の「順位」は，規約に定めるところによります。

3　受給権保護

1．積立義務等

事業主等は，将来にわたって約束した給付が支給できるよう，年金資産の積立を行わなければなりません。企業年金は，少なくとも5年に一度，将来にわたって年金財政の均衡が図られるよう財政再計算を行い，各事業年度末の決算において，①年金財政が予定どおり推移しているか，②仮に今，企業年金が終了した場合に，過去期間分の給付に見合う資産が確保されているかどうかを検証することになっています。

もし，積立不足が生じた場合には，一定期間内に不足が解消されるように掛金を拠出しなければならず，また，積立金に余剰が生じた場合には，財政運営の安定を図る観点から，制度内に留保し，事業主への返還は行わないものとされています。

2．受託者責任

制度運用の自由化が進み，企業年金の裁量が拡大するにつれ，受託者責任の重みは一層増すことになります。加入者等の受給権保護を図る観点から，事業主等企業年金の管理・運営に関わる者について，加入者等に対する忠実義務，分散投資義務の責任や行為規則等が規定されており，受託者は，業務遂行にあたり，受益者の利益を確保するためにこれらの責任と義務を果たさなければなりません。

4 税制上の取扱い

掛金の拠出時に事業主が拠出する掛金はその全額が損金算入となり，従業員（加入者）が拠出する掛金は「生命保険料控除」の対象となります。給付金については，老齢給付の年金は雑所得として「公的年金等控除」の対象に，一時金は「退職所得控除」の対象となります。なお，障害給付金は非課税で，遺族給付金の場合は相続税の課税対象となります。

また，運用時は，積立金は特別法人税の課税対象となりますが，現在まで課税が凍結されており，令和2（2020）年3月末まで課税凍結の延長が決定されています。

5 柔軟な給付設計

企業年金の運営においては，給付や積立などについて必要最低限のルールを定めた上で，労使合意に基づき，より柔軟な制度設計が可能となっています。中でも代表的なキャッシュバランスプランは，制度上は確定給付型年金に分類

図表Ⅱ部－８　キャッシュバランスプランの仕組み（イメージ）

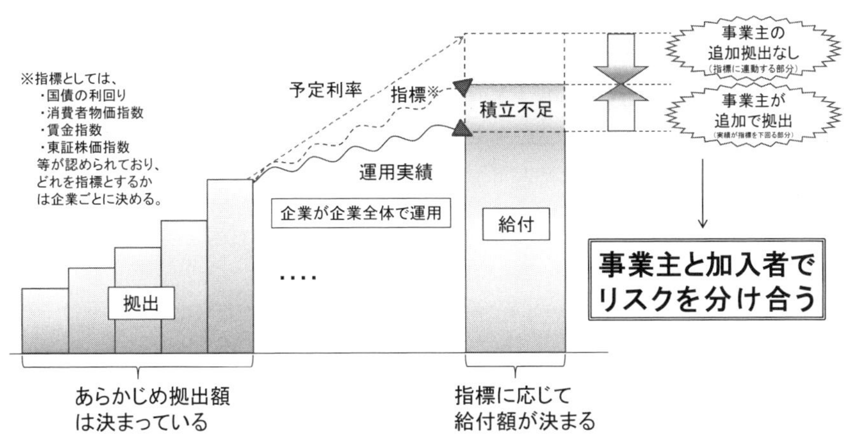

出所：厚生労働省資料「柔軟で弾力的な給付設計」より。

されますが，確定給付型と確定拠出型の両方の特徴を併せもつ企業年金制度の１つで，多くの企業年金で採用されています。

〈キャッシュバランスプランの制度概要〉

キャッシュバランスプランは，給付額が従業員個人ごとの勘定で仮想的に管理されますが，給付の決定基準には利息の要素が加わるため，将来の給付額が市場金利等に連動するしくみです。企業にとっては，退職給付会計上の退職給付債務・費用の増加を抑制する効果がある制度です。

従業員個人ごとの仮想の口座はありますが，従業員が自ら運用するのではなく企業が制度全体で運用するものです。元利合計はあらかじめ決められた運用利回りで計算され，あらかじめ決められた運用利回りが保証されます。なお，実際の運用利回りが決められた運用利回りを下回る場合は，企業には追加で拠出する負担が生じます。

第4章 確定拠出年金制度の概要

Ⅰ 自ら年金資産を管理する年金制度

1 制度の概要

1．確定拠出年金制度とは

公的年金の上乗せ給付の新たな選択肢として，確定拠出年金制度（DC）が平成13年10月に導入されました。確定拠出年金は，会社や加入者が拠出した掛金を加入者が自らの判断によって運用するしくみの制度で，アメリカで創設された制度の名称にちなみ「日本版401K」とも呼ばれています。拠出された掛金が個人ごとに明確に区分され，掛金とその運用収益との合計額をもとに年金給付額が決定される制度です。

従来の厚生年金基金や確定給付企業年金等，給付額が確定される制度は，中小零細企業や自営業者が導入するのは難しく，また，離転職時の年金資産の持ち運びが十分確保されていなかったため雇用の流動化への対応も困難であるなどの問題が指摘されていました。それらの課題を踏まえ，中小企業や自営業者等でも利用しやすく，離職や転職等にも対応できる制度が求められていたことから導入されたものです。その後も，法改正を重ねて徐々に制度が改善され，加入者数は拡大傾向にあります。

確定拠出年金には，企業が掛金を拠出する「企業型確定拠出年金」（企業型DC）と，加入者自身が掛金を拠出する「個人型確定拠出年金」（愛称：iDeCo「イデコ」）の大きく2つの形態があります。近年，加入対象者の範囲が拡大された個人型（iDeCo）は，平成30（2018）年８月には加入者数100万人を突破し，その後も新規加入者数を伸ばしています。

２．企業型確定拠出年金（企業型DC）

企業型DCは，厚生年金保険の適用事業所の事業主が単独または共同で実施し，原則として企業の拠出によって行う制度です。実施にあたっては，労使合意で定めた規約を作成のうえ，厚生労働大臣の承認を受けることが必要です。また，拠出限度額の枠内で，かつ事業主の掛金を越えない範囲であれば，加入者の掛金拠出（マッチング拠出）を可能とする制度も実施できます。

(1)　対象者・加入者資格

加入対象者は，原則として60歳未満の厚生年金保険の被保険者（会社員およ

図表Ⅱ部－９　企業型DCのイメージ図

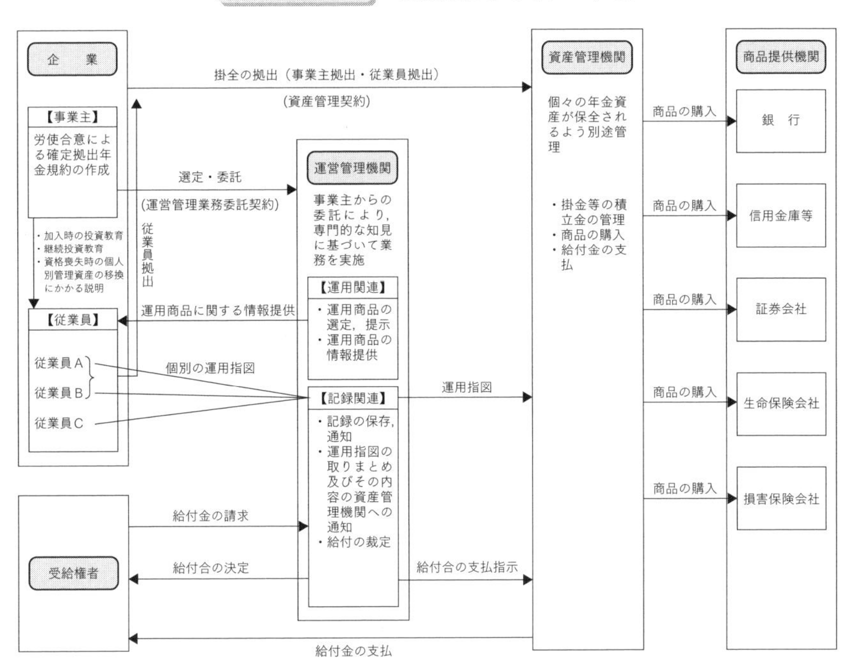

（注）運営管理機関は，資産管理機関及び商品提供機関を兼ねることが可能。また，事業主は運営管理業務を行うことが可能。

出所：厚生労働省ホームページ「確定拠出年金制度の概要」より。

び私学教職員）とされていますが，規約に定めることにより，60歳以前から引き続き加入者であった者等について，60歳以上65歳未満の者も加入対象者とすることができます。

加入対象者の範囲は，確定給付企業年金や退職金制度を実施しているときはその適用される者の範囲に照らし，特定の者について不当に差別的でなければ，勤続年数や職種，年齢や本人の加入希望により，一定の条件の下で加入資格を限定することも可能とされています。ただし，状況に応じて，他の制度等による代替措置が必要となります。

また，パートタイマー等であって，正社員と比べて著しく労働条件が異なっていることが就業規則等により客観的に判断できる場合には，厚生年金被保険者であっても加入対象者から除外することが認められます。加えて，役員についても，従業員とは異なる退任慰労金規定等が適用される場合や，役員を除外することに合理性がある場合には規約により除外することができます。

⑵　掛金

掛金は，企業型年金規約に基づき，原則として年１回以上，企業が制度の加入者全員に対して定期的に拠出します。掛金は，「定額」，「給与に一定の率を乗ずる方法」，「その他これに類する方法」のいずれか，またはそれらの組み合わせによって算出して拠出されます。なお，この事業主掛金は，加入者個人の給与所得にかかる課税所得には含まれません。

⑶　拠出限度額

企業型DCにおける拠出限度額は以下のとおりです。他の企業年金制度の実施の有無や，企業型年金規約の定めにより，加入者が個人型年金（iDeCo）に同時に加入することが認められているかどうかによって，掛金の拠出限度額が異なります。

他の企業年金制度に加入せず，かつ個人型年金の同時加入が制限される者 ⇒　年間660,000円（月額55,000円）
他の企業年金制度に加入し，かつ個人型年金の同時加入が制限される者 ⇒　年間330,000円（月額27,500円）

他の企業年金制度に加入せず，かつ個人型年金の同時加入が可能とされる者 ⇒　年間420,000円（月額35,000円）
他の企業年金制度に加入し，かつ個人型年金の同時加入が可能とされる者 ⇒　年間186,000円（月額15,500円）

(4)　マッチング拠出

マッチング拠出とは，企業型DCにおいて，規約に基づき，会社が拠出する掛金に加入者が上乗せして掛金を拠出することです。加入者の判断により給与から拠出でき，その全額が所得控除の対象となります。加入者の掛金拠出を促進して自助努力を支援するしくみです。

ただし，加入者が拠出する掛金は，会社が拠出する掛金額を超えることはできず，かつ，会社が拠出した掛金と加入者が拠出した掛金を合計した金額が拠出限度額以内でなければなりません。なお，マッチング拠出を行う加入者は，個人型（iDeCo）に同時加入することはできません。

図表Ⅱ部－10　マッチング拠出の活用例

概要

企業型DC加入者が事業主掛金に上乗せして拠出可能

- ・労使合意、企業型DC規約記載が必要
- ・事業主掛金と加入者掛金の合算額が、掛金拠出限度額を超えないこと。
- ・加入者掛金が事業主掛金の額を超えないこと。
- ・加入者掛金は給与控除し、事業主掛金と合算して事業主が払い込む。
- ・事業主掛金は全額損金に算入
- ・加入者掛金は全額が小規模企業共済等掛金控除の対象

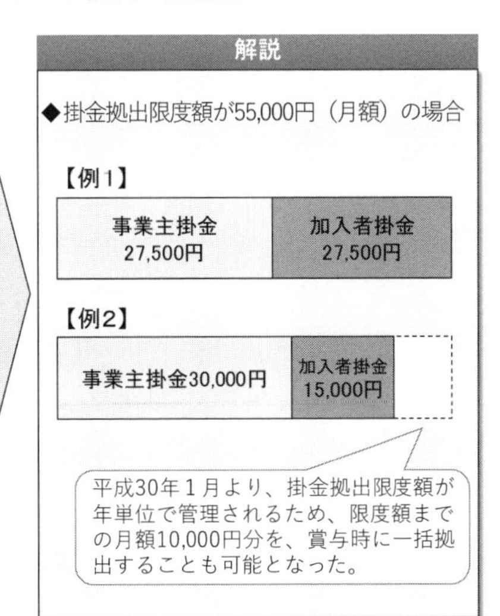

3．個人型確定拠出年金（iDeCo）

個人型年金（iDeCo）は，国民年金基金連合会が，実施に必要な事項を定めた個人型年金規約を作成し，厚生労働大臣の承認を受けて実施する制度です。加入を希望する個人は，国民年金基金連合会に申請し，個人の拠出によって行います。

⑴ 対象者・加入者資格

加入対象者は，以下のとおりです。平成29（2017）年1月から公務員や専業主婦(夫)など，対象者範囲が拡大されました。

ア 第1号加入者…自営業者等（国民年金の第1号被保険者）

※保険料免除者（障害基礎年金の受給者を除く），保険料納付猶予者等は加入できません。

図表Ⅱ部－11 個人型（iDeCo）のイメージ図

自営業者・専業主婦等
加入申込・掛金の納付
運営管理機関の選定，運用の指図
国民年金基金連合会
・個人型年金規約の作成
・個人型年金加入者の加入資格審査
・掛金の収納管理
・掛金拠出限度額の管理
委託
事務委託先金融機関
個々の年金資産が保全されるよう別途管理
・掛金等の積立金の管理
・商品の購入
・給付金の支払
商品の購入
商品提供機関
銀行
信用金庫等
証券会社
生命保険会社
損害保険会社
掛金の納付（事業主払込）
【事業主】企業・国・地方公共団体等
事業主は，国基連への事業所登録，従業員の現況届の証明（年1回）等が必要
給与控除
【従業員(職員)】
従業員
掛金納付は事業主払込又は個人払込
加入申込・掛金の納付（個人払込）
加入者は，複数の運営管理機関の中から利用する運営管理機関を選定
運営管理機関の選定，運用の指図
委託
運営管理機関
国基連からの委託により，専門的な知見に基づいて業務を実施
【運用関連】
・運用商品の選定，提示
・運用商品の情報提供
【記録関連】
・記録の保存，通知
・運用指図の取りまとめ及びその内容の事務委託先金融機関への通知
・給付の裁定
運用指図
受給権者
給付金の請求
給付合の決定
給付合の支払指示
給付金の支払

出所：厚生労働省ホームページ「確定拠出年金制度の概要」より。

イ　第2号加入者…会社員・公務員等（国民年金の第2号被保険者）

i　確定給付企業年金，厚生年金基金，企業型DC等の企業年金に加入していない企業の従業員

ii　確定給付企業年金等の確定給付型の企業年金に加入しているが，企業型DCには加入していない企業の従業員

iii　企業型DCに加入している企業の従業員（企業型DC規約で個人型（iDeCo）への加入が認められている場合のみ）

iv　公務員等

ウ　第3号加入者…専業主婦(夫)等（国民年金の第3号被保険者）

なお，資格喪失者をはじめ，企業型DCの加入者であった者や個人型（iDeCo）の加入者のうち申し出た者は「運用指図者」となります。

(2)　掛金

掛金は，加入者が拠出限度額の範囲内で任意に選択した掛金を全額（5,000円以上1,000円単位で）負担します。掛金の額は，年1回に限り変更することができ，拠出限度額の管理は，国民年金基金連合会が行います。

第1号加入者と第3号加入者は本人名義の預金口座から国民年金基金連合会に払込みにより拠出しますが，第2号加入者は勤務先で給与からの天引きによって国民年金基金連合会に払い込むこともできます。

(3)　拠出限度額

個人型（iDeCo）の拠出限度額以下のとおりです。

第1号加入者（自営業者等）　※付加保険料または国民年金基金の掛金と合算して　⇒　年間816,000円（月額68,000円）
第2号加入者 i ・確定給付企業年金，厚生年金基金，企業型DC等の企業年金に加入していない企業の従業員　⇒　年間276,000円（月額23,000円）
第2号加入者 ii ・確定給付企業年金等の確定給付型の企業年金に加入しているが，企業型DCには加入していない企業の従業員　⇒　年間144,000円（月額12,000円）

第２号加入者ⅲ ・企業型DCのみに加入している企業の従業員 ⇒ 年間240,000円（月額20,000円）
第２号加入者ⅳ ・企業型DCと確定給付企業年金等の確定給付型の企業年金に加入している企業の従業員 ・公務員等 ⇒ 年間144,000円（月額12,000円）
第３号加入者 ⇒ 年間276,000円（月額23,000円） （主婦等）

2 確定拠出年金の給付

確定拠出年金の給付には，「老齢給付金」，「障害給付金」，「死亡一時金」の３つの形態があり，老齢給付金と障害給付金は年金または一時金として支給されます。なお，「老齢給付金」を受け取れるのは60歳以降です。企業を退職しても，60歳前には受け取れないことに注意が必要です。

1．老齢給付金

支給開始年齢（原則加入期間10年以上で60歳）に到達して以降は，70歳までの間で受取開始時期を自由に選択することができます。

また，規約に定められた受取方法により，年金で受け取るのか，一時金で受け取るのか，あるいは，年金と一時金とを組み合わせて受け取るのかなども加

図表Ⅱ部－12 老齢給付金の支給開始年齢

通算加入者等期間	支給開始年齢
10年以上	60歳
８年以上	61歳
６年以上	62歳
４年以上	63歳
２年以上	64歳
１月以上	65歳

※「通算加入者等期間」とは，以下のうち60歳に達した日の前日が属する月以前の期間です。

・企業型年金加入者期間
・企業型年金運用指図者期間
・個人型年金加入者期間
・個人型年金運用指図者期間

入者が選択することができます。なお，年金の受取予定期間は5年以上20年以下であることとされていますが，運用商品に終身年金である保険商品等を組み込むことにより，終身年金として受け取ることも可能となります。

2．障害給付金

70歳に到達する前に傷病によって一定の障害状態となった加入者等が，請求することによって支給されます。60歳前であっても，年金のほか，規約に定める範囲で一時金または両方を併用して受け取ることができます。

3．死亡一時金

加入者等が死亡したときに，その遺族に資産残高が一時金として支給されます。なお，遺族の範囲は，以下のとおり，配偶者，子，父母，孫，祖父母，兄弟姉妹の順です。生前に受取人を指定していた場合は，この範囲内で指定された人が優先されます。

順位	遺族の範囲
1	配偶者（事実婚を含む）
2	死亡の当時，主としてその収入によって生計を維持されていた (1)子　(2)父母　(3)孫　(4)祖父母　(5)兄弟姉妹
3	死亡の当時，主としてその収入によって生計を維持されていた 2に掲げる者以外の親族
4	死亡の当時，主としてその収入によって生計を維持されていなかった (1)子　(2)父母　(3)孫　(4)祖父母　(5)兄弟姉妹

4．脱退一時金

確定拠出年金は，企業型・個人型とも原則60歳までは資産を引き出すことができませんが，一定の要件を満たす場合は，脱退一時金として資産を受け取ることができます。

なお，上記の要件を満たさない場合でも，企業型DCの加入者資格を喪失したときに，個人別管理資産の額がきわめて少額（1.5万円以下）など一定の要

図表Ⅱ部－13 脱退一時金の受給要件（個人型）

※以下の要件にすべて該当しなければならない。
- 国民年金保険料の納付を免除されていること。
- 国民年金の障害基礎年金の受給権者ではないこと。
- 確定拠出年金の障害給付金の受給権者ではないこと。
- 通算拠出期間が3年以下，または個人別管理資産が25万円以下であること。
- 企業型年金または個人型年金の加入者の資格を最後に喪失した日から2年以内であること。
- 企業型確定拠出年金の加入者の資格を喪失したときに脱退一時金を受給していないこと。

件を満たす場合は，企業型DCから脱退一時金を受け取ることができます。

3 税制上の取扱い

掛金は，事業主拠出は全額が損金に算入でき，加入者拠出は「小規模企業共済等掛金控除」の対象となります。加入者が拠出する掛金は，個人型だけでなく企業型におけるマッチング拠出を行う際の従業員拠出の場合も同様です。

給付金は，年金の場合は「公的年金等控除」の対象となり，一時金の場合は制度に加入していた年数を勤続年数とみなして「退職所得控除」が適用されます。また，障害給付金は年金・一時金とも非課税，死亡一時金はみなし相続財産として相続税の対象となります。なお，脱退一時金については一時所得として課税されます。

運用時には，運用益は非課税とされ，すべて再投資されることになりますが，積立金については特別法人税の課税対象となります。ただし，特別法人税は現在まで課税が凍結されており，令和2（2020）年3月末まで課税凍結の延長が決定されています。

4 ポータビリティ

ポータビリティとは，積み立てた年金資産を持ち運べることです。確定拠出年金はポータビリティに優れており，転職や退職をするなど，加入者の状況が

図表Ⅱ部－14　ポータビリティのイメージ（企業型・個人型の原則的な例）

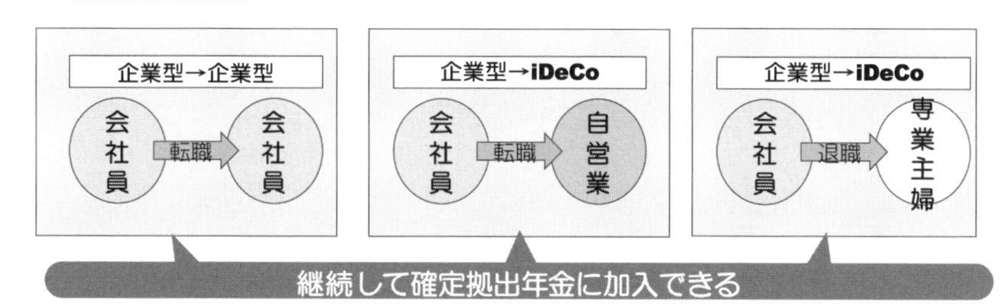

事例1：会社が企業型年金を新設
　　→個人型年金に加入している人は企業型年金に資産を移換
　　（企業型年金規約で、個人型年金に加入できる旨の定めがある場合は、資産を移換せずそのまま個人型年金に加入し続けることもできる。）

事例2：会社が企業型年金を廃止
　　→国民年金基金連合会が実施する個人型年金に資産を移換

事例3：障害給付金の受給権者の場合
　　→企業型年金に資産を残し、企業型年金運用指図者となる。
　　（申し出により、転職先の企業型年金や個人型年金に資産を移換することもできる。）

図表Ⅱ部－15　確定拠出年金に加入から年金受給までのイメージ（例）

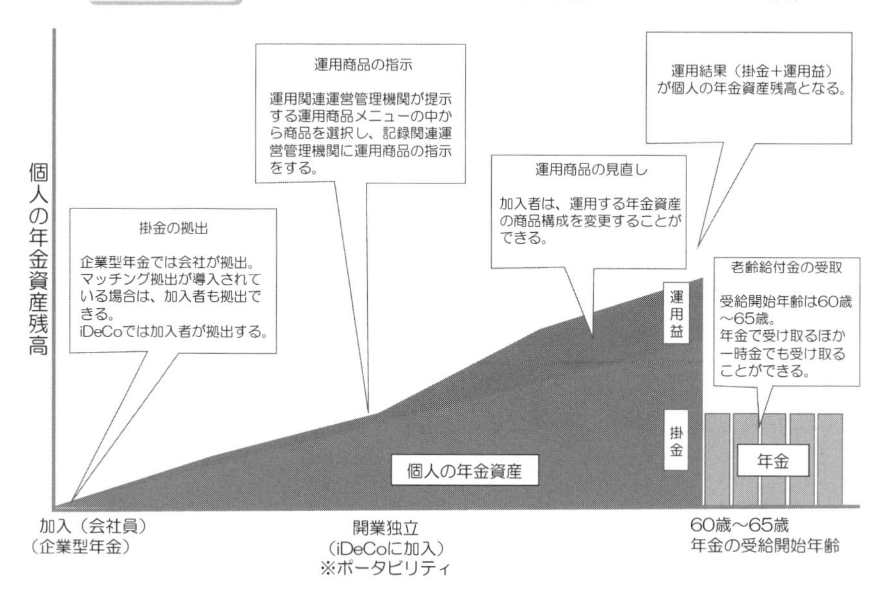

変わっても，自身の年金資産を持ち運んで継続して積み立てて，老後に備えた資産形成を引き続き行うことができます。

5 加入者等の投資教育と情報提供

確定拠出年金は，加入者や運用指図者が自らの判断で投資対象を選択して資産運用を行い，その運用結果によって将来の給付額が変動する自己責任の制度です。加入者等が適切に運用方法を選択できるように，運用方法の具体的な内容について十分に理解を促す必要があります。

投資教育は，企業型DCは事業主，個人型（iDeCo）は国民年金基金連合会が行うべき責務であり，従来，加入者等に対して「投資教育」を行うことは努力義務とされています。2011年８月には，事業主による加入者等に対する「継続的な投資教育」の配慮義務が課され，さらに，平成30（2018）年５月からは努力義務とされており，投資教育の重要度が増しています。制度の導入時点だけでなく，加入した後においても，個々の加入者等の知識の水準やニーズに応じて，継続的に情報提供を行っていくことが求められています。

加入者等への投資教育の実施方法は，集合研修をはじめ，冊子配布や映像配信などさまざまな方法が考えられますが，事業主等は，加入者等の資産運用に関する知識や経験，理解のレベルに応じて，適切な方法で行うことが求められています。また，内容について，加入者等からの質問があった場合は，事業主

図表Ⅱ部－16 投資教育に係る事業主の責務（平成30（2018）年５月１日施行）

確定拠出年金法 第４節「運用」第22条（事業主の責務）

1 事業主は，その実施する企業型年金の企業型年金加入者等に対し，これらの者が行う第25条第１項の運用の指図に資するため，資産の運用に関する基礎的な資料の提供その他の必要な措置を継続的に講ずるよう努めなければならない。
2 事業主は，前項の措置を講ずるに当たっては，企業型年金加入者等の資産の運用に関する知識を向上させ，かつ，これを第25条第１項の運用の指図に有効に活用することができるよう配慮するものとする。

等は速やかに対応することが必要です。特に，加入後の投資教育において，基本的な事項を習得できていない者に対してはそれらの事項の再教育の実施や，より高い知識・経験を有する者にも対応できるメニューに配慮することが望ましいとされています。投資教育は運営管理機関に委託することも可能とされていますが，その場合でも，事業主には加入者等への資料の配布や就業時間内の実施，会場提供などに協力的であることが求められます。

なお，事業主は加入者等に対して，特定の運用方法（商品）について指図を行うことを勧めること，または特定の運用方法（商品）について指図を行わないことを勧めることは，いずれも禁止されている点にも留意が必要です。

図表Ⅱ部－17　投資教育の内容（確定拠出年金法令解釈通知：抜粋）

(1) 確定拠出年金制度等の具体的な内容
① わが国の年金制度の概要、改正等の動向及び年金制度における確定拠出年金の位置づけ
② 確定拠出年金制度の概要（次に掲げる事項）
・制度に加入できる者とその拠出限度額
・運用商品の範囲、加入者等への運用商品の提示の方法及び運用商品の預替え機会の内容
・給付の種類、受給要件、給付の開始時期及び給付（年金又は一時金別）の受取方法
・加入者等が転職又は離職した場合における資産の移換の方法
・拠出、運用及び給付の各段階における税制措置の内容
・事業主、国民年金基金連合会、運営管理機関及び資産管理機関の役割
・事業主、国民年金基金連合会、運営管理機関及び資産管理機関の行為準則（責務及び禁止行為）の内容

(2) 金融商品の仕組みと特徴
預貯金、信託商品、投資信託、債券、株式、保険商品等それぞれの金融商品についての次の事項
① その性格又は特徴
② その種類
③ 期待できるリターン
④ 考えられるリスク
⑤ 投資信託、債券、株式等の有価証券や変額保険等については、価格に影響を与える要因等

(3) 資産の運用の基礎知識
① 資産の運用を行うに当たっての留意点（すなわち金融商品の仕組みや特徴を十分認識した上で運用する必要があること）
② リスクの種類と内容（金利リスク、為替リスク、信用リスク、価格変動リク、インフレリスク等）
③ リスクとリターンの関係
④ 長期運用の考え方とその効果
⑤ 分散投資の考え方とその効果

(4) 確定拠出年金制度を含めた老後の生活設計
① 老後の定期収入は現役示談と比較し減少するため、資産形成は現役時代から取り組むことの必要性
② 平均余命などを例示することで老後の期間が長期に及ぶことと、老後に必要な費用の長期での確保の必要性
③ 老後に必要な一般的な生活費の総額を例示しつつ、公的年金や退職金を含めてもなお不足する費用の考え方
④ 現役時代の生活設計を勘案し、確定拠出年金や退職金等を含めた老後の資産形成の計画や運用目標の考え方
⑤ 加入者等が運用商品を容易に選択できるよう運用リスク度合いに応じた資産配分例の提示

第５章　国民年金基金制度について

Ⅰ　自営業者等にも二階建て年金を

1　国民年金基金制度の概要

1．国民年金基金制度のなりたち

国民年金基金は，自営業者などの国民年金第１号被保険者を対象に，国民年金（老齢基礎年金）に上乗せして年金を受け取れるようにするための年金制度です。日本の年金制度を建物になぞらえると，民間企業の会社員や公務員には，一階部分の国民年金に加えて二階部分の厚生年金保険があり，この一階部分と二階部分は国が運営して管理を行う公的年金として加入が義務づけられる強制加入とされています。

しかし，自営業者等の場合に加入義務があるのは一階部分の国民年金のみであり，国民年金だけにしか加入していない自営業者等は，国民年金に上乗せして厚生年金に加入している会社員等に比べると将来受け取る年金額には大きな差が生じます。そこで，国民年金基金制度が平成３（1991）年４月に導入され，自営業者等の国民年金第１号被保険者であっても，任意でこの制度に加入し，会社員等と同様に２階建ての年金を受け取れるようになりました。

2．加入対象者

国民年金基金に加入できるのは，日本国内に居住している20歳以上60歳未満の自営業者等，国民年金の第１号被保険者です。なお，65歳未満の国民年金の任意加入被保険者も国民年金基金の加入に関しては第１号被保険者とみなされ，加入対象となります。一方，厚生年金保険に加入している第２号被保険者やその被扶養配偶者である第３号被保険者は対象となりません。また，農業者年金の被保険者も国民年金基金に加入することはできません。

なお，国民年金の第１号被保険者であっても，加入にあたっては国民年金保険料を納めていることが前提となるため，国民年金の保険料免除者等は加入対象になりません。ただし，法定免除者（障害基礎年金の受給者等）で国民年金保険料の納付申出をした期間は加入できます。

３．制度の特徴

国民年金基金は，支払う掛金額により，あらかじめ将来受け取る年金額が確定する確定給付型の年金です。65歳から生涯受け取る終身年金が基本とされており，長い老後の生活に備えることができます。

国民年金基金への加入は任意ですが，いったん加入した後は，自身の都合により途中で脱退等をすることはできません。国民年金の第１号被保険者でなくなるなど，国民年金基金の加入員資格を途中で喪失した場合には，その時点で一時金等が支払われることはなく，国民年金基金連合会に年金の現価相当額が移換され，掛金を納めた期間に応じた老齢年金または遺族一時金が，将来支給されるしくみとなっています。

４．基金の種類

従来，国民年金基金は，地域型と職能型の２種類に大別して設立されていましたが，加入員や受給者の利便性向上，事業運営の効率化や基盤強化を目的として，地域型が合併することとなりました（平成31（2019）年４月１日付）。合併後の名称は「全国国民年金基金」となりました。なお，職能型は３つのみ継続しています。

2 国民年金基金の給付

1．老齢年金

加入は口数制になっており，年金額や給付の型は選択することができます。加入口数が何口かによって，将来受け取る年金額が決まります。なお，給付の型は，終身年金Ａ型・Ｂ型，確定年金Ⅰ型・Ⅱ型・Ⅲ型・Ⅳ型・Ⅴ型の７種類があります。１口目は終身年金Ａ型・Ｂ型のいずれかを選択し，２口目以降は，７種類の中から，原則，自由に組み合わせて選択が可能です。

2．遺族一時金

保証期間のある終身年金Ａ型と，確定年金であるⅠ型からⅤ型のいずれかに加入している加入員が年金を受給する前，または年金受給中（保証期間内）に死亡した場合には，遺族に一時金が支給されます。

また，保証期間のない終身年金Ｂ型のみに加入している加入員が年金を受給する前に死亡した場合には，加入口数にかかわらず，１万円が遺族に支給されます。

なお，遺族一時金が支給される遺族は，死亡当時生計を同じくしていた，配偶者（事実婚を含む），子，父母，孫，祖父母または兄弟姉妹の順となります。

3 掛金

掛金の額は，加入時の年齢，性別，選択した給付の型と加入口数に応じて決まり，加入時年齢と給付の型ごとに１口当たりの掛金月額が定めれた掛金月額表により掛金が算出されます。

掛金の限度額は年額816,000円（月額68,000円）で，この範囲内で加入口数を選択して加入します。なお，個人型確定拠出年金にも加入している場合には，その掛金額と合わせて限度額以内となります。途中で口数の変更等をしない場合には，加入時の掛金額が払込期間終了まで変わらないしくみとなっています。

なお，掛金の限度額については，国民年金の保険料を免除（一部免除・学生納付特例・若年納付猶予を含む）されていた者が免除期間分の保険料をすべて追納したときは，追納した期間に相当する期間（最高5年間まで），掛金の限度額が月額102,000円となる特例があります。

掛金の払込期間は，加入時から60歳に達する月（60歳以上で加入した場合は，65歳に達する日の属する月または国民年金の任意加入被保険者資格の喪失予定月）の前月までとなります。

4　国民年金との関係

国民年金基金への加入は，国民年金の保険料を納付することが前提となります。そのため，国民年金の保険料が未納のまま2年を経過すると，その期間に国民年金基金の掛金を納めていても，国民年金基金の掛金は2年経過した時点で還付され，将来の年金額にも反映されません。

また，国民年金基金に加入している場合には，国民年金基金が国民年金の付加年金を代行していることから付加年金と同様の国庫負担があります。国民年金基金の1口目の給付には，国民年金の付加年金相当が含まれているため，別途，付加年金に加入して，月額400円の国民年金の付加保険料を納めることはできません。そのため，付加保険料を納めていた被保険者が，国民年金基金に加入する場合には，市区町村役場で付加保険料をやめる手続きを行う必要があります。

5　税務上の取扱い

国民年金基金の掛金は，国民年金の保険料と同様に，全額が社会保険料控除の対象となります。また，老齢年金は雑所得として公的年金等控除の対象となり，遺族一時金は全額非課税です。

6　活用のしかたはiDeCoと併せて検討を

国民年金に上乗せとして自営業者等が活用できる制度は，国民年金基金のほか，個人型確定拠出年金制度（iDeCo）がありました（第4章参照）。これらをどのように活用するかは，それぞれの制度の特徴を比べ，自身にあったものを選択することです。また，拠出限度額（年額816,000円）の範囲内であれば，両制度を組み合わせて併用することも可能です。

国民年金基金とiDeCoで異なる最大の特徴は，将来受け取る給付額とその額の決定のしかたです。国民年金基金は終身年金をベースとして給付額があらかじめ定められた額であるのに対し，iDeCoについては運用商品の選択と運用の指図を自ら行い，その運用結果によって将来の給付額が変動する制度です。自営業者等のライフステージとライフプランに沿った制度の活用が望まれます。

第6章　企業年金制度等の主な課題

I　確定拠出年金法等の一部を改正する法律について

1　改正の背景

人生100年時代という言葉がすっかり定着しているようですが，平均寿命・平均余命が延びると予想されている今後，老後の所得確保が大きな課題となっています。その中で，私的年金である企業年金や個人年金もその課題解決にむけた重要な役割を担っています。さらに，働き方の多様化が進むなかで，一人ひとりのライフスタイルに合わせた老後の生活設計，資産形成を支援する仕組みが必要といわれています。これからは，公的年金と私的年金の違いをよく理解したうえで，それらを組み合わせて老後の所得確保を図っていくことが重要となります。

そのような課題認識のもと，平成25（2013）年10月に設置された社会保障審議会企業年金部会において議論が重ねられ，平成27（2015）年には「中小企業向けの取組み」や「ライフコースの多様化への対応」さらには「確定拠出年金の運用改善の促進」などが見直しの方向性としてまとめられました。その後，平成28（2016）年６月３日には「確定拠出年金法等の一部を改正する法律」が公布され，平成28（2016）年７月から平成30（2018）年５月にかけて順次施行されるなど，企業年金等については，その普及拡大を図るとともに現状を踏まえ改善に向けた改正が行われています。この章では，主に確定拠出年金に関する法改正等をみていきます。

2 「確定拠出年金法等の一部を改正する法律」の主な改正事項について

「確定拠出年金法等の一部を改正する法律」による確定拠出年金制度（以下「DC」）の改正は，大きくわけて，(1)企業年金の普及・拡大，(2)ライフコースの多様化への対応，(3)DCの運用の改善の３つに分けられます。「簡易型DC制度」と「中小事業主掛金納付制度」については，「企業年金の普及・拡大」を図る目的で，特に企業年金の実施率が大きく低下している中小企業を対象としており，解散が進んでいる厚生年金基金（総合型）に替わる制度ともなり得るものです。また，DCの運用の改善なども組み込まれました。

図表Ⅱ部－18　確定拠出年金法等の一部を改正する法律

企業年金制度等について、働き方の多様化等に対応し、企業年金の普及・拡大を図るとともに、老後に向けた個人の継続的な自助努力を支援するため、個人型確定拠出年金の加入者範囲の見直しや小規模事業主による個人型確定拠出年金への掛金追加納付制度の創設、個人型確定拠出年金の実施主体である国民年金基金連合会の業務追加等の措置を講ずる。

Ⅰ　概要　※DC：確定拠出年金　DB：確定給付企業年金

1　企業年金の普及・拡大

①　事務負担等により企業年金の実施が困難な中小企業（従業員100人以下）を対象に、設立手続き等を大幅に緩和した『簡易型ＤＣ制度』を創設。

②　中小企業（従業員100人以下）に限り、個人型ＤＣに加入する従業員の拠出に追加して事業主拠出を可能とする『個人型ＤＣへの小規模事業主掛金納付制度』（※）を創設。
※「中小事業主掛金納付制度」

③　ＤＣの拠出規制単位を月単位から年単位とする。

2　ライフコースの多様化への対応

①　個人型ＤＣについて、第3号被保険者や企業年金加入者（※）、公務員等共済加入者も加入可能とする。※企業型ＤＣ加入者については規約に定めた場合に限る。

②　ＤＣからＤＢ等へ年金資産の持ち運び（ポータビリティ）を拡充。

3　ＤＣの運用の改善

①　運用商品を選択しやすいよう、継続投資教育の努力義務化や運用商品数の抑制等を行う。

②　あらかじめ定められた指定運用方法に関する規定の整備を行うとともに、指定運用方法として分散投資効果が期待できる商品設定を促す措置を講じる。

4　その他

・　企業年金の手続簡素化や国民年金基金連合会の広報業務の追加等の措置を講じる。

Ⅱ　施行期日

・2①、4は、平成29年1月1日（1③は、平成30年1月1日、4の一部は、平成28年7月1日等）
・1①②、2②、3は、平成30年5月1日

出所：社会保障審議会　第18回企業年金部会（2016年６月14日）資料をもとに著者作成。

第６章　企業年金制度等の主な課題

Ⅱ　DC法改正の中小企業向けの改正について

1　簡易型DC制度の概要（平成30(2018)年５月１日施行）

簡易型DC制度は，企業型確定拠出年金制度（企業型DC）の簡易版です。中小企業でも企業型の確定拠出年金を導入しやすくするために，事務作業等を簡素化したのが簡易型DC制度になります。

中小企業向けにシンプルな制度設計とし，設立のための条件を一定程度パッケージ化して，導入時等に必要な書類を簡素化し，省略できる書類を定めています。また，制度運営についても負担の少ないものとなっています。

簡易型DC制度の対象となる事業主は，厚生年金適用事業所の事業主であって，使用する第１号厚生年金被保険者が100人以下であることとなっています。また，制度対象者については，通常の企業型DCとは異なり，一定の資格を定めることはできないことになっており，事業主掛金については，「定額」のみに限定されている一方，加入者が掛金を拠出する場合は，額の選択肢は１つでも構わないことになっています。

運用商品の提示については，通常の企業型DCの場合は，３つ以上とされていますが，簡易DC制度の場合は２つとすることが可能です。

今回の改正で施行された簡易型DC制度で簡素化される事務については，例えば，導入時に必要な書類をみてみると，「運管委託契約書」，「資産管理契約書」，「運管選任理由書」，「就業規則」（原則）等の添付書類の省略が可能となっ

図表Ⅱ部－19 簡易型DC制度の概要

項目	簡易型DC	通常の企業型DC
拠出額	・定額	・定額、定率、定額＋定率いずれか選択
事業主の条件	・従業員100人以下	・従業員数の制限なし
制度の対象者	・適用対象者を第2号被保険者全員に固定 ※職種によって加入是非の判断は不可。	・第2号被保険者 ※職種や年齢等によって加入是非の判断は可。
商品提供数	・2本以上35本以下	・3本以上35本以下

○ 導入時に必要な書類の簡素化
○ 規約変更時の承認事項の一部を届出事項に簡素化
○ 業務報告書の簡素化

ています。その他，企業型年金規約を変更するときや業務報告においても通常の企業型DCより事務が簡素化されています。

このように，簡易型DC制度は事務手続きが簡素化されていますが，企業型の確定拠出年金に分類されます。企業での導入はやはり難しいが，従業員の老後の所得確保支援のための方策は何か検討したいという中小企業の事業主の方もいるでしょう。そのような事業主の方には，同じく5月から施行された「中小事業主掛金納付制度」があります。

2 中小事業主掛金納付制度の概要（平成30(2018)年5月1日施行）

中小事業主掛金納付制度（愛称：iDeCoプラス）は，使用する第1号厚生年金被保険者が100人以下であって企業年金を実施していない中小企業が，従業員の老後の所得確保に向けた支援をすることができるよう，その従業員が加入している個人型DC制度（iDeCo）の加入者掛金に，事業主が上乗せして掛金を拠出することができる制度です。自社で企業型DCの導入が難しい中小企業においては，企業年金の類似の制度として活用することができます。

中小事業主掛金は，原則としてiDeCoに加入している第1号厚生年金被保険者のうち掛金を拠出されることに同意した者となります。ただし，事業主は拠出対象者に「一定の資格（職種及び勤続期間）」を設けることができます。その場合，代替措置をとるなど特定の従業員が不当にならないようにしなければなりません。また，一定の職種で資格範囲を定める場合には，総合職，一般職，営業職などの職種に属する従業員の給与や退職金等の労働条件が，他の職種に属する従業員の労働条件とは別に規定されていることを就業規則等で規定する必要があります。

また，中小事業主掛金の額は，加入者掛金の額と合わせて拠出限度額（月額では2.3万円）以下とする必要があります。

この中小事業主掛金納付制度を導入する場合は，労使合意の上で，必要書類の届出をする必要があります。なお，対象者に一定の資格を設ける場合は，当該資格についても同意を得なければなりません。

制度導入時には必要書類の各種届出や労使合意に関する書類などが必要になります。また，制度導入後も，年に１回，中小事業主の資格に関する有無につ

図表Ⅱ部－20　中小事業主掛金納付制度（iDeCo+）の導入

項目	内容
実施手続	・中小事業主掛金の拠出や掛金額の変更について、国民年金基金連合会及び厚生労働大臣へ届出 ※申請窓口を国基連に統一
事業主の条件	・企業型DC、DB及び厚生年金基金を実施していない事業主であって、従業員（第1号厚生年金被保険者）100人以下の事業主
拠出の対象者	・iDeCoに加入している従業員（法律）のうち、中小事業主掛金を拠出されることに同意した者 ※ただし、iDeCoに加入している者のうち一定の資格を定めることも可能。
労使合意	・中小事業主掛金を拠出する場合に労働組合等の同意が必要

イメージ

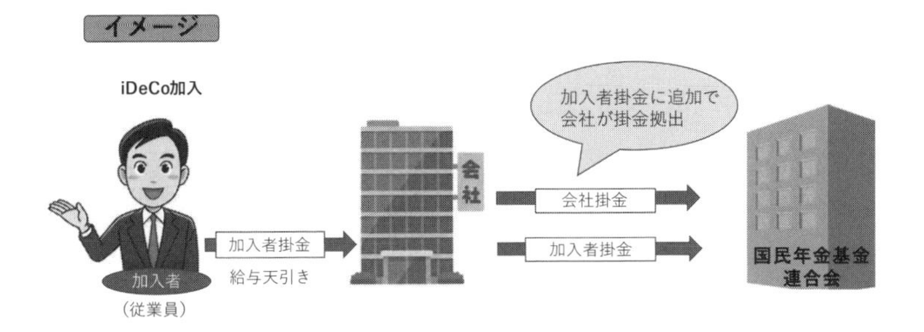

いての確認のための事業主証明が必要であるほか，掛金の額を変更する場合等は届出をする必要があります。

中小企業は，大企業に比べると福利厚生制度の充実が後回しになりがちです。しかし，就職・転職活動時に，福利厚生制度は多くの人が重視する項目となっています。また，既存の従業員に対しても，信頼感をもって長く働いてもらうことは重要です。中小企業にとって，人材の確保や企業への定着といった課題に取り組みためにも，これらの制度の導入は，福利厚生を充実させる重要な施策の１つになるといえるでしょう。

第6章　企業年金制度等の主な課題

Ⅲ　DC法改正のその他の事項と課題について

1　DCの運用の改善について

DCは，事業主等が拠出した掛金を加入者自身が運用商品を選択したうえで運用し運用結果に基づいて老後に年金を受け取るという制度です。そのため，加入者個人の運用商品の選択や運用が重要となります。しかしながら，現状においても運用に困難を感じている加入者が一定程度いるため，平成28（2016）年法改正で運用ルールの改善を行いました。

1．運用商品の提示

従来は，①少なくとも3つ以上の運用商品，②1つ以上の元本確保型の運用商品を選定・提示することとなっていましたが，改正により「リスク・リターン特性の異なる3つ以上の運用商品の選定・提示」と1本化されました。「リスク・リターン特性が異なること」ということが加わり，「元本確保型の運用商品の選定・提示義務」はなくなりました。これは，加入者等による運用商品の選択が元本確保型の運用商品に偏っていることが考慮されたものですが，運用商品は労使の合意に基づいて選定・提示されます。

2．運用商品提供数の抑制

加入者へ提供する運用商品の数については，増加傾向にあったため，加入者が個々の運用商品をよく吟味することが難しい状況となっているケースが見られました。そこで，改正により運用商品提供数に上限が設けられることとなりました。これは，加入者にとってはある程度絞られた状態で提示された方がむしろ選択しやすいからです。また，具体的な上限の数は，「35本」と設定されました。

また，上限数の設定に伴い，運用方法を除外する際の要件が緩和され，除外しようとする運用商品を選択している者の３分の２以上の同意で除外できることとされました。

３．指定運用方法に係る規定を整備

DC加入者の中には，運用商品の選択の失念等により運用商品を選択しない人が一定数いることを踏まえて，「あらかじめ定められた方法(いわゆるデフォルト商品による運用)」に関する規定が整備されました。

指定運用方法とは，加入者が運用商品を選択しない場合に自動的に選択され

図表Ⅱ部－21　DCの運用の改善

現行	改正後
①少なくとも三つ以上の運用商品の提供	**リスク・リターン特性の異なる三つ以上の運用商品の提供**
②一つ以上の元本確保型商品の提供	

※元本確保型商品については、提供義務から労使の合意に基づく提供に変更。

運用商品提供数の抑制

・運用商品提供数は増加傾向にあり、**加入者が個々の商品内容を吟味しつつ、より良い商品選択を行うことができる程度に商品選択肢を抑える必要。**

・運用商品を除外する際は商品選択者全員の同意が必要であったが、**商品の入れ替えが事実上極めて困難。**

商品提供数の抑制

商品提供数について一定の制限を設けることにより運用商品の厳選を促す。

※具体的な数は政令で定める→ ３５本

※施行日前に納付した掛金の運用方法として提示された商品については、制限の対象外とする。

商品除外規定の整備

商品除外要件を商品選択者の 一定割合（３分の２）以上の同意とする。

※施行日前に納付した掛金の運用方法として提示された商品の除外については、従前通り全員同意の取得を要するものとする。

指定運用方法の概要

①指定運用方法の設定は運営管理機関・事業主（以下「運管等」）の任意。

②運管等は、あらかじめ運用商品の中から一の商品を指定運用方法として指定し、加入者に加入時に指定運用方法の内容を周知。

③加入者が商品選択を行わない場合、運管等は加入者に商品選択を行うよう通知。

④通知してもなお商品選択を行わず一定期間経過した場合、自動的に指定運用方法を購入

※　加入者は、自ら望む場合は**指定運用方法の購入前・購入後にかかわらずいつでも別の商品に変更可能。**

※　指定運用方法について、長期的な運用に資するため、複数商品を組み合わせる等によりリスクが分散された運用方法の指定を事業主に促すため、法令において一定の基準を設定。

※　施行日前に納付した掛金については対象外。

出所：厚労省資料より作成。

る運用商品のことですが，必ず設けなければならないものではありません。規約の定めるところにより，運営管理機関は指定運用方法を選定・提示することができますが，その他の運用商品と同様に，老後の所得確保に資するものであることが求められています。

また，運営管理機関は，加入者集団の属性等を考慮して指定運用商品を選定すること，候補となる運用商品を提案する際に指定運用方法の基準を満たしていることを事業主に説明すること，労使協議の結果を尊重することなどが求められます。また，提示する際も，リスク・リターンに関する情報，選定理由，指定運用商品の適用に関する手続きなどについて説明することが求められます。

4．継続投資教育の努力義務化

加入者の投資知識等の向上を図るため，DC制度導入時には投資教育が行われ，制度導入後に繰り返し実施し加入者の知識の定着・向上等を図るために継続投資教育が行われます。導入時投資教育は実施率がほぼ100％である一方で，継続投資教育の実施率は低くなっていました。これは，従来，制度導入時の投資教育の実施は努力義務で，継続投資教育の実施は配慮義務であったからです。そこで，法改正により，加入者が継続的に投資知識を得る機会である継続投資教育も「努力義務」と位置づけられました。

2　ポータビリティの拡充と自動移換への取組み

制度間のポータビリティとは転職時等に制度間（例：DB⇒DC）の資産移換を可能とすることです。この制度間のポータビリティについて，DC制度からDB制度などのポータビリティを拡充し，老後の所得確保に向けた継続的な自助努力を行える環境が整備されました。

一方，退職等でその加入者の資格を喪失した場合，その資産を個人型または他の企業型確定拠出年金に移換手続き等を6カ月以内に行わないと，その資産は現金化され，国民年金基金連合会に自動的に移換されることになっています。自動移換されたままの状態では資産運用ができない，老齢・障害給付金を受け取れないという制約があり，また，管理手数料も負担する必要があります。

そこで，加入者本人が移換手続を行うよう，厚生労働省・事業主・記録を管理する機関・連合会では，対策を実施しています。具体的には，これまで自主的に行われていた対策のうち，記録を管理する機関による移換手続き勧奨や国民年金基金連合会による年１回周知を明記したり，DC間のポータビリティの規定に則り，転職前の企業型の年金資産や，自動移換された年金資産を転職後の企業型DCに移換する対策を新規に実施しています。また，厚生労働省では，事業主に対して，退職者等に対する説明を行うよう指導を行っています。

3 今後の課題等について

今後，公的年金の上乗せ年金として，企業年金や個人年金といった私的年金の重要性が高まる中，平成28（2016）年の改正では，企業年金の普及・拡大として中小企業向けの対策や全ての国民が加入できるiDeCoの普及，などが行われました。

中小企業の企業年金実施率が低いなか，厚生年金基金の解散も進んだため，主に大企業で企業年金を実施しているところと経営上の負担や手続き上の負担により企業年金を実施できない中小企業との差が存在しています。今後も引き続き中小企業むけの取組みが必要と考えられます。

確定給付企業年金と確定拠出年金は，当初は創設経緯（けいい）や役割なども異なってはいましたが，今では，公的年金の上乗せ年金として，老後の所得確保を図るという目的は共通しています。拠出時，給付時の仕組みなど引き続き検討していく必要があるでしょう。また，原則全ての人が加入できるようになったiDeCoについても，より柔軟で使いやすい制度の検討などを引き続き行っていく必要があるでしょう。今後の改正動向に注目していきましょう。

また，今後はさらに自分で老後の生活設計を計画し判断する場面が増えていきます。企業年金・個人年金を含めた適切な情報提供と年金を軸とした老後資産の形成についての教育の機会も重要となるでしょう。

ライフプラン

～老後を考えるときはライフプランから～

第１章　ライフプランとは

Ⅰ　ライフプランは人生の設計図

1　ライフプランとは

ライフスタイルが多様化する現在では，どのような人生を送るかは人それぞれです。他人のライフスタイルが自分のライフスタイルのモデルになるとは限りません。自分が将来どんなことをしたいのか，また自分の人生にはどんなことが起こり得るのか，それらはいつ頃なのか，そのためにはどんな準備が必要なのかなど，いろいろと具体的に考えていくことはこれからの時代とても大切になります。将来について，具体的に考え計画を立てていくこと，これがライフプランを作成するということになります。つまり，ライフプランは「人生の設計図（生涯生活設計）」ということになります。

2　ライフプランの３つの要素

ライフプランは大きく捉えて，３つの領域から成り立っています。それは，「心のプラン」，「健康のプラン」，「お金のプラン」です。これは広い意味でのライフプランになります。この３つのプランについては，１つでも欠けると充実したライフプランが実現できなくなるため，３つのバランスをとることが重要になります。

「心のプラン」は，「自分の生きがいは何か」，「将来やりたいことは何か」を自分自身に問いかけるプランになります。これが充実した将来へと繋がるのか

図表Ⅲ部－1　ライフプランの全体像

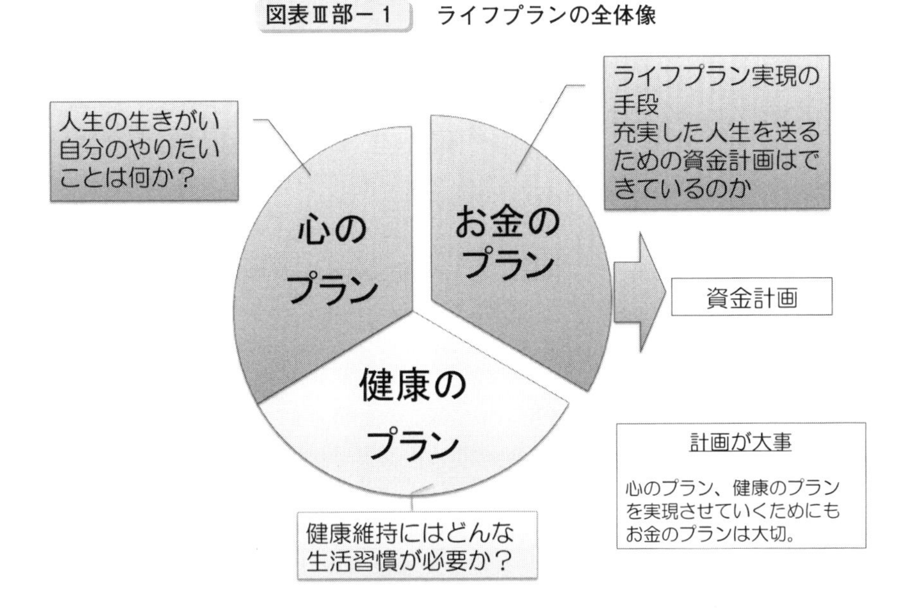

否かの分かれ道になります。またもちろん「健康のプラン」は重要です。健康であれば，やりたいこともできますが，病気になってしまうと，それも叶いません。そして，最後が，「お金のプラン」つまり，健康で充実した人生を送るためにはある程度のお金が必要であり，それは早い時期からの資金計画にかかっているといえます。以上を踏まえて，自分のライフプランを考えてみることが重要となりますが，そのためにはまず，将来の自分の人生を描く（＝デザインする）ことから始めます。

なお，「お金のプラン」だけをとりだして，狭義の意味で「ライフプラン」ということもあります。

第１章　ライフプランとは

Ⅱ　ライフデザインとライフイベント

1　ライフデザインとは

ライフデザインは，ライフプランにおいては，その前提となるものです。将来どのような暮らしがしたいのか，住まいはどうするか，家族はどうするか，どのような仕事をしたいのかなど，現実的なことから，大切にしたいことは何かといったこと，或いは，人生において実現したいことは何かなど，将来をイメージして描くことです。「将来何になりたいか」，「将来どういう人間になりたいか」，「どうすれば充実した人生を築けるのか」などの疑問に対して自分自身を見つめながらデザイン思考で考えていくことで，一歩ずつ前へと進んでいくことができるのです。自分が望む生活スタイルをデザインすること，将来に向けての構想や展望など，「どう生きたいか」，「どうありたいか」という生活スタイルの基礎を大きな視点で考えることがライフデザインになります。

2　ライフイベントとは

ライフイベントとは，自分の人生に起こるさま ざまな出来事です。人生にはさまざまな出来事が起こりますが，そのうち，一般的なイベントには，就職や，結婚，子どもの誕生や住宅購入などが挙げられますが，近年では，ライフスタイルの多様化により，ライフイベントも人によってさまざまに異なっています。また，人生100年時代と言われるようになると，ライフイベントにも長

図表Ⅲ部－２　ライフイベント表（ライフステージ別例）

例	20代	30代	40代	50代	60代	70代以降
将来やりたいこと、夢、ライフイベント　など	例） ・海外旅行	例） ・結婚 ・子どもの誕生	例） ・マイホーム取得	例） ・ピアノ教室を開く	例） ・世界一周旅行	例） ・国内旅行
それぞれの実現にかかると思われるお金	・海外旅行 50万円	・結婚式、新婚旅行、新居費用 300万円	・住宅ローン頭金 500万円	・教室開始費用 50万円	・世界旅行 200万円	・国内旅行 100万円

い老後期間をどう過ごしたいのかという生きがいに関連するようなイベントも考えていくことが必要になっています。

将来やりたいことや夢，ライフイベントなどを自由に書いてみるとよいでしょう（ライフイベント表）。毎年見直していけばよいので，思いつく範囲で，自分で入れてみましょう。またその際，それぞれのライフイベントにお金がかかるのであれば，おおよその額も入れてみるとよいでしょう。

ライフプランの作成の過程で，ライフイベントを書き出していくことで，漠然とした将来の夢やイベント，そして，不安要素を数値化して具体的に見ることができます。ライフイベントを書き出して，さらに一歩進めて，具体的な金額を書き出すことまでできれば，それぞれのイベントの時期から逆算をして準備を始めることができます。ライフイベントを考えるときは，ライフイベント表という形で一覧表にまとめるのがよいでしょう。１年単位で作成するのがよいですが，まずは，ライフステージ（年代）ごとに書き出してみるのもよいでしょう。

第1章 ライフプランとは

Ⅲ 人生の3大資金

1 人生の3大資金とは

ライフイベントは人それぞれで，お金が全くかからないものもありますが，多くの場合はお金がかかります。その中で特に，大きな資金を必要とし，多くの人に共通するものとして，「住宅資金」，「教育資金」，「老後資金」の3つは，人生の3大資金といわれています。この人生の3大資金はどれも大きな資金が必要となりますが，必要なタイミングや準備方法には異なる特徴があります。それぞれについて概要をみていきます。

① 住宅資金

住まいについては生活するうえで基盤となるものです。賃貸か購入か，その選択は人それぞれです。特に住宅を購入するためには，一般的に自己資金と住宅ローンを組み合わせるなど，資金計画が必要になります。自己資金はどれくらい準備するのか，住宅ローンはどういうものを利用するのか，返済期間や毎月の返済額をどの位にするのか，など考える必要があります。また長い返済期間の中においては，住宅ローンの見直しをした方がよい場合も出てきます。どういった見直し方法があるのか，自分はどのタイミングで見直した方がいいのか，など無理のない計画を立てていくことが重要です。

② 教育資金

教育資金は学校教育に必要な資金と塾やお稽古事など学校教育以外で必要な

図表Ⅲ部－3　人生の3大資金

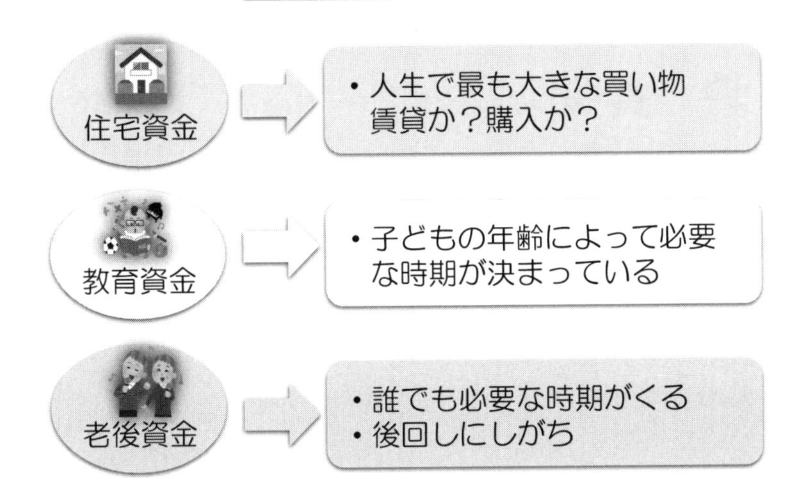

資金があります。小学校から高校・大学まで入学年次の教育費は，入学金を含む学校納付金や制服代，学用品などが高めの支出となります。教育資金は子どもが誕生したときに必要な時期が決まるという特徴があります。また，教育資金は子どもがどのような進路を選択するかによって準備の目安が異なります。必要な時期に向けて，計画的に準備しておくことが必要な資金です。

③　老後資金

人生の3大資金のうち，最後に必要な時期を迎えるのが老後資金です。老後資金は老後の生活を送るために必要な資金ですが，生活費すべてを準備する必要はありません。自分がどのような老後を過ごしたいか，希望する生活費に対して公的年金や企業年金・個人年金といった収入になるものを確認します。今後は就労期間も長くなり，就労による収入も考えられるでしょう。老後資金は，ゆとり資金や予備資金を考慮しながら，早めにスタートし，長期的・計画的な準備が必要となります。

第2章 ライフプランに必要な知識

Ⅰ 教育資金

子どもの教育資金は「住宅資金」,「老後資金」と並んで人生の3大支出といわれています。データによれば，教育費の総額は幼稚園から大学まですべて国公立（大学は自宅通学）に進んだ場合で950万円ほど，すべて私立（大学は文科系で自宅通学）に進んだ場合では2,300万円ほどかかります。これは子どもが1人の場合の金額ですので，子どもが2人以上いる場合は人数分の教育資金を準備することになります（図表Ⅲ部－4参照)。

子どもの教育資金の特徴は，子どもの年齢によって，必要な時期が決まっていることです。各種データを参考にして，早めに教育資金計画を立てましょう。

① 進学プランを作る

教育資金を見積もる時に，図表Ⅲ部－5のような進学プランを作成します。公立と私立では授業料など大きく変わってきます。具体的な進学希望校があれば，インターネットで学費などを調べ，該当部分に書き入れておきます。

その際,「学校教育費」だけでなく,「学校外活動費」もチェックしましょう。

学校教育費とは授業料やPTA会費，学校納付金などが該当します。一方，学校外活動費は学習塾や習い事代などです。たとえば，公立の高等学校の学習費は年間451,000円ですが，そのうち，175,000円が学校外活動費です。学習費に占める割合は3分の1ほどになります（図表Ⅲ部－6参照)。

さらに，大学の学費は入学先（国公立・私立），学部（文科系・理科系・医歯系など）によっても大きく異なります（図表Ⅲ部－7参照）。

なお，2014年4月に「高等学校等就学支援金」が導入されました。これは国立・公立・私立を問わず，高等学校などに在籍する子どもを対象として，その授業料を国が負担する制度です。支給限度額は全日制で月額9,900円です。受給にあたっては所得制限などがありますが，該当する場合には教育資金計画も大きく変わります。詳細については文部科学省のホームページまたは通学している学校等でご確認下さい。

② 進路変更も想定する

子どもの希望によっては途中で進路を変更（文科系から理科系に変更，自宅通学から自宅外通学に変更，海外留学希望など）することもあり得ます。進路変更によっては教育費が大きく違ってくることもありますので，進学プランを数パターン作成しておくと安心です。

③ 教育費の値上げ

子どもが高等学校，大学に進学する頃には授業料などが値上がりしている可能性もあります。学費の値上がりを考慮することも忘れないようにしましょう。

④ 老後生活と教育費の共存

晩婚，晩産時代といわれていますが，子どもが大学進学時に親が60歳代ということもあります。一般的に高等学校入学から大学卒業までが教育費支出のピークです。ピーク時に自分たち夫婦が60歳代になる場合には教育資金準備だけでなく，老後準備も併せて計画を立てる必要があります。

1 教育資金準備に適した金融商品は？

教育資金の準備にあたっては必要額を安全確実な金融商品での運用を検討します。たとえば，給与天引きや口座振替などで確実に「貯まるシステム」を作っておきます。このため，子どもが産まれると同時に「積立」をスタートすべきでしょう。

会社員であれば勤務先の「財形貯蓄」，銀行の「自動積立定期」など給与天引きや自動積立てで確実に貯めるようにします。

他に，生命保険会社等の「こども保険（学資保険）」や証券会社等の「ジュニアNISA（少額投資非課税制度）」を考える方もいらっしゃると思います。

こども保険（学資保険）は，商品によって掛け捨て部分があり，払込保険料総額よりも受取保険金額の方が少ないこともあります。一方，ジュニアNISAは投資ですので，子どもの教育資金として使いたいときに，運用実績が悪いと，元本割れとなっていることもあります。

2　教育資金が不足した場合は？

本人の進路変更や兄弟の進学時期が重なってしまうなど，どうしても，教育費が不足することもあります。教育資金不足を補うには「奨学金制度」や「教育ローン」を利用する方法があります。検討する順番は「奨学金制度」→「公的教育ローン」→「民間教育ローン」です。

まず，奨学金制度は経済的に余裕がなく，大学などに進学できない学生を対象に，低利子，あるいは無利子で教育資金を貸付けます。例えば，日本学生支援機構では無利子で借りることができる「第一種奨学金」と上限年３％の有利子の「第二種奨学金」があります。なお，日本学生支援機構の奨学金制度は2020年４月から新しく「給付型奨学金」と「授業料等減免」がスタートします。

また，地方自治体や各大学でも独自に奨学金制度を設けていることがありますので，進学希望校のホームページなどでこまめに情報を収集しておきましょう。

次に，教育ローンですが，公的ローンと民間ローンがあります。公的ローンには日本政策金融公庫（国の教育ローン）があり，借入可能額は学生１人当たり350万円までです。一方，民間教育ローンは銀行などが取り扱っていますが，取扱い機関によって借入の条件，借入可能額，適用金利などが違いますので，利用にあたっては借入条件等を比較するとよいでしょう。

最後に，「教育資金の一括贈与の非課税制度」といい，父母や祖父母などから，30歳未満の子どもや孫に対して教育資金を贈与する場合，1,500万円（学校等以外に支払われるものは500万円）までは，贈与税が非課税になるという制度がありますので，祖父母の協力が得られるのであれば，考慮するとよいでしょう。

図表Ⅲ部－4　**進路別学習費合計額（幼稚園～高等学校）**

（単位：千円）

	公立	私立
幼稚園	702	1, 446
小学校	1, 932	9, 168
中学校	1, 437	3, 981
高等学校	1, 353	3, 120

オール公立の場合：5,424千円，オール私立の場合：17,715千円

出所：文部科学省「平成28年度子供の学習費調査」より作成。

図表Ⅲ部－5　**進学プランを作成**

	学校教育費(A)	学校外活動費(B)	(A)＋(B)＝合計額
幼稚園	【公立・私立】 万円	万円	万円
小学校	【公立・私立】 万円	万円	万円
中学校	【公立・私立】 万円	万円	万円
高等学校	【公立・私立】 万円	万円	万円
大学	【公立・私立, 文科系・理科系】 万円	万円	万円
合計	万円	万円	万円

※進学は公立・私立か，大学は文科系か・理科系か。
※各種データを参考に教育費を見積もってみよう。

図表Ⅲ部－6　子どもの学習費（子ども1人当たりの年間支出額）

（単位：千円）

	公立	私立
幼稚園	234（うち学校外活動費　93）	482（うち学校外活動費　134）
小学校	322（うち学校外活動費　218）	1,528（うち学校外活動費　613）
中学校	479（うち学校外活動費　301）	1,327（うち学校外活動費　321）
高等学校	451（うち学校外活動費　175）	1,040（うち学校外活動費　285）

※学校外活動費とは保護者が子どもの学校外活動のために支出した費用のことをいう。

出所：文部科学省「平成28年度子供の学習費調査」より作成。

図表Ⅲ部－7　大学の初年度納付金（年額）

（単位：千円）

	国立大学	私立大学			
		文科系	理科系	医歯系	短大
入学料	282	235	256	1,013	245
授業料	536	759	1,072	2,897	700
施設費他	—	242	326	2,571	323
入学時費用合計	818	1,236	1,653	6,481	1,268

出所：文部科学省「私立大学等の平成28年度入学者に係る学生納付金等調査」より作成。

Ⅱ 住宅資金

住宅購入は自己資金に住宅ローンを利用することになりますが，物件価格だけでなく，登記手数料や印紙税，登録免許税，引っ越し費用などの諸費用がかかります。諸費用は，新築物件で物件価格の3～10%，中古物件で物件価格の6～10%ほどです。無理のないローン返済をするためにも，物件価格の20%～30%の頭金と諸費用は自己資金で準備したいものです。

住宅購入時に頭金を準備することは大切ですが，手持ちの貯蓄全額を頭金にしてしまうと，緊急的な支出に対応できなくなります。緊急予備資金として生活費の6カ月～1年分の資金を手元に残すようにしましょう。これはあくまで目安ですので，共働き家庭や子どもが進学時期の家庭など状況に応じて金額の修正をしましょう。

次に，無理なく返済できる借入可能額を現在の住居費等を基に計算します（図表Ⅲ部－8参照）。このケースでは10万円になります。次に，図表Ⅲ部－9を使い，毎月返済額10万円で，借りられる金額を計算します。例えば，金利が2%，返済期間が30年の場合，目安は2,700万円です。

なお，住宅購入後，マンションの場合は，修繕積立金や管理費，固定資産税・都市計画税などが年間30～60万円程度，一戸建ては固定資産税や都市計画税等が年間10～20万円程度かかりますので，忘れないように準備しましょう。

図表Ⅲ部－8 無理のない毎月返済額をチェック

（例） ①現在の家賃10万円，②住宅購入のために貯蓄していたお金４万円，③購入後の維持費※４万円

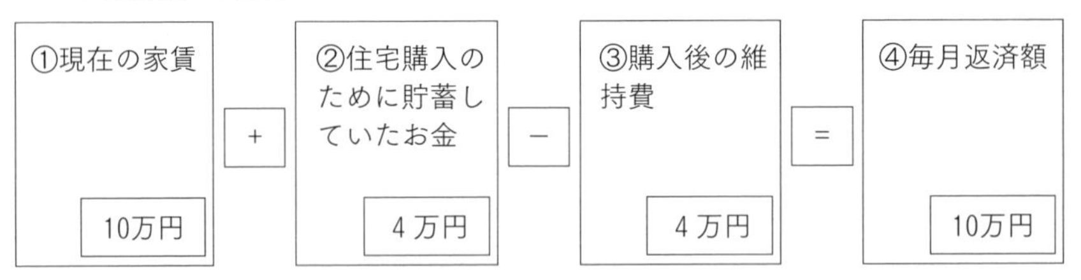

※購入後の維持費とは一戸建ての場合，固定資産税・都市計画税など，マンションの場合は管理費や修繕積立金，固定資産税・都市計画税，駐車場代など。

図表Ⅲ部－9 月額返済額10万円で借りられる金額

（単位：万円）

	15年	20年	25年	30年	35年
1.0％	1,670	2,170	2,650	3,100	3,540
1.5％	1,610	2,070	2,500	2,890	3,260
2.0％	1,550	1,970	2,350	2,700	3,010
2.5％	1,490	1,880	2,220	2,530	2,790
3.0％	1,440	1,800	2,100	2,370	2,590

※例えば，返済可能額が月額８万円の場合，「表の金額×0.8」すれば，月額８万円の借入可能額が計算できる。

1 自己資金の準備の仕方

1．財形住宅貯蓄

財形住宅は住宅の購入・建設などに必要な資金を貯めることができ，利子が非課税になるメリットがあります。利子等非課税の限度額は，「財形住宅貯蓄」と「財形年金貯蓄」を合わせて，次のとおりです。

- 預貯金など…元本（預入額＋元加利息）550万円まで利子等非課税
- 保険など…払込累計550万円まで利子等非課税

ただし，勤務先に財形貯蓄制度がなければ，利用することができません。

２．住宅積立定期預金

住宅購入の資金作りを目的として，口座振替の「自動積立」を利用する方法もあります。利子非課税のメリットはありませんが，金融機関によっては，預入金利が上乗せされたり，住宅関係の情報を提供されたりする特典つきもあります。

３．贈与枠を利用

住宅取得時に祖父母や父母から贈与を受け，一定の要件を満たせば，贈与税が非課税になる特例措置があります。贈与税は，年間110万円を超える贈与を受けた場合，超えた部分に贈与税が課税されます。住宅購入の際，両親や祖父母に資金を贈与してもらった場合，一定額が非課税になる特例制度が２種類あります。

⑴　相続時精算課税選択の特例

2021年12月31日までに，住宅の新築や購入などで父母や祖父母から金銭の贈与を受けた場合，一定の要件を満たすときには，2,500万円まで贈与税がかかりません。2,500万円を超えた部分は一律20％の贈与税がかかります。

⑵　直系尊属から住宅取得等資金の贈与を受けた場合の非課税

2015年１月１日～2021年12月31日までの間に，住宅の新築や購入などで父母や祖父母から金銭の贈与を受けた場合，一定の要件を満たすときには，贈与税を非課税にするという特例があります。非課税限度額は，住宅取得等の契約の締結時期や，住宅の性能，取得時の費用等に含まれる消費税の税率によって，300万円～3,000万円の間です。詳細は国税庁のホームページでご確認下さい。

2　住宅ローンの基礎知識

住宅ローンの返済額は「借入額」，「金利」，「返済期間」の３つで決まります。例えば，借入額が同じであっても，金利が低く，返済期間が短い方がトータルで支払う利息が少なくてすみます。資金計画を立てる際，できる限り金利が低いローンを探し，返済期間は60歳を目途にします。

住宅ローンの返済方式には「元利均等返済方式」と「元金均等返済返済方式」の2種類があります（図表Ⅲ部－10）。

元利均等返済方式は元金と利息を合わせた毎月の返済額が一定となる返済方法です。一方，元金均等返済方式は毎月の元金を一定とした返済方法で，利息はローン残高に応じて減っていくため，毎月の返済額も徐々に減っていきます。

次に，住宅ローンの金利には「変動金利」と「固定金利」と「固定金利選択型」の3種類があります。

変動金利は市場金利の動きに合わせて，半年ごとに，年2回金利が見直されますが，金利が変動しても，毎月の返済額は借りた時から5年間変わらず，6

図表Ⅲ部－10　元金均等返済と元利均等返済

◆元金均等返済のしくみ

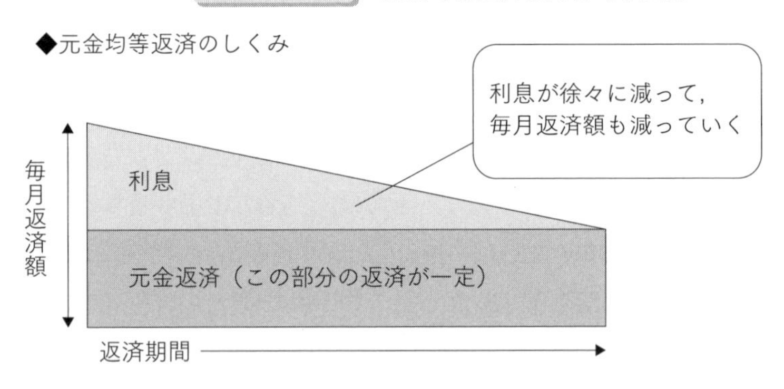

◆元利均等返済のしくみ

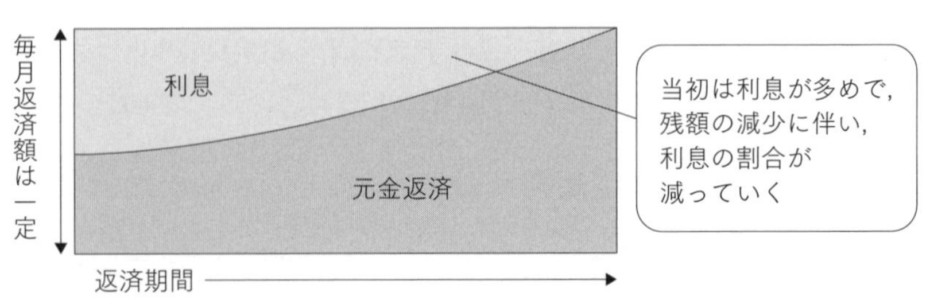

出所：「金融広報中央委員会知るぽると」より。

年目に変わるというルールがあります。次に，固定金利は借入金利が返済期間終了まで変わりません。固定金利選択型は，一定期間金利が固定される特約をつけたローンで，固定期間終了後は金利の見直しが行われ，毎月の返済額が変わります。

金利タイプの選び方ですが，金利が上昇する局面では固定金利型を選択し，金利が低下する局面では変動金利型を選ぶのというのが一般的です。

住宅ローンを組む際，市場金利の動向をチェックすることも大切です。

3 住宅ローンの見直し方法

1．繰り上げ返済と借り換え

住宅ローンの見直方法には「繰り上げ返済」と「借り換え」があります。

(1)　繰り上げ返済

返済中にローンの全部または一部を繰り上げて返済することです。繰り上げ返済には住宅ローンの支払い期間を短縮する期間短縮型と，毎月の返済額を減らすことができる返済額軽減型の2種類あります。

繰り上げ返済は手元の現金を住宅ローンの返済に充当することとなりますので，生活費や教育費なども考慮して行う必要があります。

(2)　借り換え

現在借りている住宅ローンを，別の金融機関から借りたお金で一括して返済することです。現在借りている住宅ローンの金利よりも低い金利のローンに借り換えることで支払利息の軽減を図ることができます。

借り換えの効果があるかどうかの目安は①ローン残高が500万円以上あること，②借り換え後の金利が1％以上低いこと，③ローンの残り返済期間が10年以上あることです。

例えば，ローン残高が2,000万円，残り返済期間25年，返済方法は元利均等返済方式の場合を比較してみましょう（諸経費は考慮せず)。

- 金利が3.0％の場合，総返済額は約2,845万円
- 金利が2.0％の場合，総返済額　約2,543万円

1％の金利差であっても，総返済額では300万円ほど違います。なお，借り換えについては融資手数料などがかかりますので，手数料を差し引いても借り換えの効果がある場合に実行します。金融機関のホームページでは住宅ローン返済額のシミュレーションができるところもあります。

2．住宅購入時に適用される優遇措置

⑴ 住宅借入金等特別控除（住宅ローン控除）

住宅の取得（新築，新築住宅の取得，中古住宅の取得）や一定の増改築・リフォーム工事を行って10年以上のローンを組んだ場合に，所得税が戻ってくる「住宅ローン減税」（住宅借入金等特別控除）です。

一般住宅の場合，2014年4月1日～2021年12月31日までに入居が完了した住宅が対象になりますが，年末ローン残高が4,000万円で最大控除額：40万円（年間），控除期間：10年（13年※消費税率10％で住宅を増改築等し，2019年10月1日～2020年12月31日までの間に居住の用に供した場合）。なお，住宅ローン控除は毎年のように改正がありますので，該当年の改正内容を必ず確認しておきましょう。

⑵ すまい給付金

この制度は，消費税率引き上げによる住宅取得者の負担を緩和するために創設されました。消費税率8％時は収入額の目安が510万円以下の人を対象に最大30万円を給付。消費税率10％時は収入額の目安が775万円以下の人を対象に最大50万円を給付するというものです。詳細は国土交通省のホームページでご確認下さい。

第3章　キャッシュフロー(CF)表を作ってみる〜マネープラン

I　60歳までのプランニングについて

1　具体的なプランニングの手順

人生は100年時代を迎えていると言われています。2017年には100歳以上の高齢者は約67,000人，2050年には約53万人になると予測されています（厚生労働省「男女百歳以上高齢者数の年次推移」より)。一度の人生ですから，誰しも「楽しく，自分らしい」人生をおくりたいものです。この「自分らしい人生」をおくるために「ライフプランニング（以下，狭義の意味での「ライフプラン」という)」を若い時から考えておくことが大切になります。

ライフプランを作成することにより，次のようなメリットがあります。

①　将来の生活（予定）を考えることにより，いろいろなシミュレーションをすることができ，資金対策（マネープラン）が立てられます。

②　資金対策を立てることにより，わが家（家族）のマネープランの問題を発見し，解決策を見つけることができます。

ライフプランは次の順番で作成していきます。

①　ライフイベント表の作成：子どもの成長，働きかた，仕事，趣味，どんな生活をしたいかと，人生の夢や希望を書き出します。

②　収入・支出の把握：わが家の収入と支出，金融資産について書き出します。

③　キャッシュフロー表の作成：年間の収支を計算し，支出の多い年（例え

ば子どもの進学，住宅購入等）を確認し，それに対して貯蓄で補えるか「年間貯蓄」や「貯蓄残高」の状況を予想し確認します。

収入を考える際には，利用できる社会保障制度（例えば出産に関する給付金，育児に関する給付金，公的年金制度等）についても確認をすることが必要です。社会保障制度で利用できるものは利用し，不足する部分を貯蓄で補っていきます。

お金は有れば有るだけ邪魔になるものではありませんが，ライフプランを作成する際には，先にお金有りきではなく，どのような人生設計にするのかで必要資金を考えていきます。

住宅で考えてみると「自宅購入派」と「賃貸派」の２つにわかれると思います。自宅購入派の方は，若い時にはローンで生活がやや苦しい時もあるかもしれませんし，違う土地に引っ越しを希望してもすぐに引っ越しはできません。が，ローンを返し終えてしまえば，固定資産税等は除き，雨風を凌ぐことはできます。賃貸派の方は，自由に引っ越すこともでき，毎月の家賃も住宅ローンに比べると低く抑えることができるかもしれません。が，家賃を払えないと，雨風は凌げません。そこで，一生「家賃」をプラスして生活費を考えていく必要があります。どちらが良い悪いというわけではなく，どちらが自分にとって魅力がある人生なのかを考えます。

現在は，「横並びの生活」から「自分らしい生活」を考えていく時代だと思います。自分らしい人生をおくり予想外のリスクを乗り越えるための手段の１つとして，ライフプランを作成し，ライフプラン作成を楽しむところから始めてみましょう。

2 収入と支出の把握

家計の見直しをするにあたり，収入と支出を把握することが重要です。今月の収入が前月と比べて100万円も200万円も違うということは一般的には，ほぼ無いはずです。（賞与が支給された等は除きます）。そこで本来でしたら次の式が成り立つはずです。

収入 － 支出 － 毎月積み立てている貯蓄等 ＝ ゼロ

ところが実際にはゼロにならなく，お金が残っているはずなのに手元には残っていないという状況が，ほとんどの家庭で生じます。これを俗に「家計における使途不明金」といいます。この使途不明金が多ければ多いほど実は家計の見直しが難しくなります。家計の見直しをするにあたり最も重要なことは，支出の内容を把握することです。支出はできるだけ細かく把握しておくことが大切になります。そのためにも支出項目を把握し，年間収支表（キャッシュフロー表）を作成し，家計の見直しに繋ぎます（次頁の図表Ⅲ部－11を参照）。

収入には税込み収入と手取り収入（可処分所得）があります。マネープランを作成する際には可処分所得で考えていきます。可処分所得の計算をするには，源泉徴収票を手元に用意し，次のように計算します。

可処分所得 ＝ 年収（源泉徴収票の支払金額）－ 社会保険料（源泉徴収票の社会保険料等の金額）－所得税（源泉徴収票の源泉徴収額）－住民税（給与明細に記載されている税額を12倍して年額を求めます）

家計の状況を良くするにはふたつの方法しかありません。1つは「収入を増やす」，もう1つは「支出を減らす」です。収入を急に増やすことは難しいので，支出を把握し支出を減らすことから考えてみましょう。

図表Ⅲ部－11 支出項目表

単位：円

支出項目	支出内容	毎月の支出額	年数回の支出額	1年間の合計支出額
基本生活費	食　　費			
	水道光熱費			
	通　信　費			
	医　療　費			
	被　服　費			
	自動車ローン			
	駐車場代			
	ガソリン代			
	自動車税			
	そ　の　他			
小　計　①				
住　居　費	家　　賃			
	住宅ローン			
	管　理　費			
	固定資産税			
	そ　の　他			
小　計　②				
教　育　費	学校教育費			
	学校外教育費			
	その他			
小　計　③				
保　険　料	生命保険			
	損害保険			
	その他			
小　計　④				
そ　の　他	交際費			
	教養費			
	趣　　味			
	その他			
小　計　⑤				
貯　　蓄	預貯金			
	投資信託			
	債券			
	株式			
	その他			
小　計　⑥				
合　計　①+②+③+④+⑤+⑥				

Ⅱ　60歳までのCF表と見直しのポイント

1　60歳までのCF表作成例

〈事例〉　Ａさんの場合

Ａさんがライフプラン表を作成しました。基本データは次のとおりです(2019年１月１日現在)。

図表Ⅲ部－12　30代用のデータ

	続　柄	生年月日	職　業
Ａさん	本人	1984年１月１日（35歳）	会社員
Ｂさん	妻	1988年１月１日（31歳）	専業主婦
Ｃさん	長女	2017年１月１日（２歳）	
Ｄさん	長男	2021年１月１日出生予定	

図表Ⅲ部－13 収入・支出等の設定

収入（Aさん）	570万円 （給与＋賞与）	収入（Bさん）６年後位から パート勤務を希望	
基本生活費	313万円	教育費	
住居費	120万円	生損保保険料	38万円
その他支出	50万円	一時支出	
貯蓄残高	500万円		

収入は給与・賞与です。

支出：基本生活費（食費・通信費・水道光熱費・医療費・被服費・自動車関係費等）

教育費（学校教育費，学校外活動費，習い事，塾費用等）

住居費（家賃・住宅ローン・管理費・固定資産税等）

保険料（生命保険料・損害保険料等）

その他支出（交際費・趣味・娯楽費等）

一時支出（車の買換等１回当たりの支出額が比較的おおきいもの）

図表Ⅲ部－14　キャッシュフロー表

No.	区分	項目	2019	2020	2021	2022	2023	2024	2025	2026	2027	2028	2029	2030	2031	2032	2033	2034	2035	2036	2037	2038	2039	2040	2041	2042	2043	2044
①	家族構成	本人	35	36	37	38	39	40	41	42	43	44	45	46	47	48	49	50	51	52	53	54	55	56	57	58	59	60
		妻	31	32	33	34	35	36	37	38	39	40	41	42	43	44	45	46	47	48	49	50	51	52	53	54	55	56
		長女	2	3	4	5	6	7	8	9	10	11	12	13	14	15	16	17	18	19	20	21	22	23	24	25	26	27
		長男			0	1	2	3	4	5	6	7	8	9	10	11	12	13	14	15	16	17	18	19	20	21	22	23
②	ライフイベント	ライフイベント名			長男誕生 自動車購入			長女小学校入学	妻パートタイム就労			長男小学校入学		長女中学校入学			長女高校入学	長男中学校入学 自宅修繕		長女大学入学 自動車買い替え	長男高校入学		ジョギングを始める	長女就職 長男大学入学	ハーフマラソン完走	長男短期留学		定年退職 長男就職
		ライフイベント合計金額			300													100		200						70		
③	Ⅰ収入 給与・賞与	本人	570	570	570	570	570	570	570	570	570	570	600	600	600	600	600	600	600	600	600	600	600	600	600	600	600	
		配偶者							96	96	96	96	96	96	96	96	96	96	96	96	96	96	96	96	96	96	96	
④	退職一時金	本人																										
		配偶者																										
⑤	企業年金	本人(確定給付)																										100
		本人(確定拠出)																										20
		配偶者																										
⑥	公的年金	本人(国民年金金)																										
		本人(厚生年金)																										
		配偶者(国民年金金)																										
		配偶者(厚生年金)																										
⑦		雇用保険																										100
⑧		個人年金																										30
⑨		その他収入																										
⑩		一時収入																										
⑪		収入合計	570	570	570	570	570	570	666	666	666	666	696	696	696	696	696	696	696	696	696	696	696	696	696	696	696	250
⑫	Ⅱ支出	基礎生活費	313	313	326	326	326	326	326	326	326	326	326	326	326	326	326	326	326	326	326	326	326	313	313	313	313	285
⑬		教育費						32	32	32	32	64	64	80	80	80	80	90	90	170	140	140	140	150	125	125	125	
⑭		住居費(家賃・ローン等)	120	120	120	120	120	120	120	120	120	120	120	120	120	120	120	120	120	120	120	120	120	120	120	120	120	10
⑮		生命保険料・損害保険料	38	38	38	38	38	38	38	38	38	38	43	43	43	43	43	48	48	48	48	48	48	30	30	30	30	10
⑯		その他支出	50	50	50	50	50	50	50	50	50	50	50	50	50	50	50	50	50	50	50	50	50	50	50	50	50	50
⑰		一時支出	0	0	300	0	0	0	0	0	0	0	0	0	0	0	0	100	0	200	0	0	0	0	0	70	0	0
⑱		支出合計	521	521	834	534	534	566	566	566	566	598	603	619	619	619	619	734	634	914	684	684	684	663	638	708	638	355
⑲		年間収支(Ⅰ－Ⅱ)	49	49	－264	36	36	4	100	100	100	68	93	77	77	77	77	－38	62	－218	12	12	12	33	58	－12	58	－105
⑳		貯蓄残高	500	549	285	321	357	361	461	561	661	729	822	899	976	1,053	1,130	1,092	1,154	936	948	960	972	1,005	1,063	1,051	1,109	1,004

60歳までのライフプランを作成する場合，わが家のライフイベント上「いつ・何に・いくらかかる」かということをライフプラン表に落とし込んでいきます。20代〜30代では特に次のイベントにまとまった費用がかかります。

1．結婚・出産

ア） 結婚費用：挙式から披露宴の費用は全国平均で357.5万円（出所：ゼクシイ結婚トレンド調査2018調べ）

イ） 出産費用：約49万円（出所：厚生労働省保健局　出産育児一時金の見直しについて）

2．子育て・教育資金

ア）子育て・教育費用

教育費のかけ方は世帯によって異なります。もちろん，子どもの進学状況によって学費は変わりますが，それ以外の塾や習い事をどうするか，それぞれの家庭の経済状況や家庭の方針などによっても異なるでしょう。若いうちは，結婚や子どもはまだ少し先の話になるかもしれません。あくまで今現在のプランニングとして考えてみましょう。

3．マイホーム購入資金

住宅を購入する際には，物件価格だけで考えるのではなく諸費用がかかります。この諸費用（手数料・登記費用・税金・保険料等）は一般的に新築物件の場合には物件価格の５％程度です。頭金とこの諸費用は現金で準備をする必要があります。住宅ローンを組む際にはこの諸費用も考慮する必要があります。

最近はローンを組む際に「頭金なし」で物件価格の100％をローンで組むという物件もありますが，頭金がないとそれだけローン負担が増えてしまい，子どもが生まれ教育費の負担が増えてきた場合には，生活費を圧迫することになります。頭金は一般的には物件価格の20％以上準備できることが良いと言われています。せっかく自宅を購入しても無理をして購入し，生活を圧迫してしまっては本末転倒になります。住宅を購入する際には身の丈に合った物件を選び，無理のない返済ができるよう，出来るだけ頭金を用意するようにしましょう。

4．保険の加入

人生は，何が起きるかわかりません。万一に備えて保険への加入は必要です。火災保険，地震保険，自動車保険を始めとした損害保険への加入は，他人も巻き込む可能性がありますので，最初に加入を考えます。

次に家族や自分への保障として生命保険への加入を考えます。特に結婚後には，万一の時の家族の生活費を始め，入院等への備えとして家族のため，自分のために生命保険に加入します。生命保険に加入する場合には「加入目的」に合っている商品を選びます。加入目的とは「誰が，どうなったら，どのように困るか」ということです。また，生命保険に加入する際には社会保障制度の「遺族年金」や「健康保険の高額療養費・傷病手当金」等も考慮し，足りない部分を補う形で加入をしましょう。

2　60歳までのCF表の見直しポイントと改善例

Aさんの作成したライフプラン表（キャッシュフロー表）をみてみましょう(図表Ⅲ部－14)。60歳の時点で約1,000万円の貯蓄残高があります。Aさんは65歳にならないと公的年金の受給が始まらない世代です。退職金は一時金ではなく，Aさんは年金として受け取ろうと思っています。企業年金の受け取り方法はその会社の年金規約によって違います。どのような方法で受け取ることが可能かどうか調べておくことが必要です。

Aさんの作成したライフプラン表を確認すると，家族イベントの中に特に遊びの計画もなく，楽しみの計画がありません。ライフプランには「人生を楽しむ」という計画も必要です。そこで，CF表見直し後①（図表Ⅲ部－15）では4年に一度「家族旅行」を計画してみました。また，長女の結婚も追加しています。

Aさんはまだ35歳であり，ここから20年ほどは「教育費」が支出の中で占める割合が高いご家庭です。が，教育費の中に「塾代や習い事代」等が入っていないようです。そこで塾代等として子の年齢に応じて金額を上乗せをしました。幼児教育に関しては2019年10月より「３歳～５歳の幼児教育の無償化」が始まりましたので，幼稚園等の教育費負担が軽減されました。

緊急時（病気等で働けなくなった場合等）に備えるために「緊急予備資金」も必要です。緊急予備資金は一般的には生活費の１年分位が必要と言われています。Ａさんの場合，何か緊急なことが生じた場合には，ギリギリの貯蓄残高しかありません。緊急時に備えて，加入している保険等も確認をする必要があります。

また，家族旅行と教育費の支出額を修正し，健康保険の給付である出産育児一時金（42万円）を加えました。

図表Ⅲ部－15　30-60CF表見直し後①

		年	2019	2020	2021	2022	2023	2024	2025	2026	2027	2028	2029	2030	2031	2032	2033	2034	2035	2036	2037	2038	2039	2040	2041	2042	2043	2044
①	家族構成	本人	35	36	37	38	39	40	41	42	43	44	45	46	47	48	49	50	51	52	53	54	55	56	57	58	59	60
		妻	31	32	33	34	35	36	37	38	39	40	41	42	43	44	45	46	47	48	49	50	51	52	53	54	55	56
		長女	2	3	4	5	6	7	8	9	10	11	12	13	14	15	16	17	18	19	20	21	22	23	24	25	26	27
		長男			0	1	2	3	4	5	6	7	8	9	10	11	12	13	14	15	16	17	18	19	20	21	22	23
②	ライフイベント	ライフイベント名			長男誕生 自動車購入		家族旅行	長女小学校入学	妻パートタイム就労		家族旅行	長男小学校入学		長女中学校入学	家族海外旅行		長女高校入学	長男中学校入学 自宅修繕	家族旅行	長女大学入学 自動車買い替え	長男高校入学		ジョギングを始める	長女就職 長男大学入学	ハーフマラソン完走	長男短期留学	長女結婚	定年退職 長男就職
		ライフイベント合計金額			300		20				25				100			100	25	200						70	110	
③	Ⅰ収入 給与・賞与	本人	570	570	570	570	570	570	570	570	570	570	600	600	600	600	600	600	600	600	600	600	600	600	600	600	600	
		配偶者							96	96	96	96	96	96	96	96	96	96	96	96	96	96	96	96	96	96	96	
④	退職一時金	本人																										
		配偶者																										
⑤	企業年金	本人(確定給付)																										100
		本人(確定拠出)																										20
		配偶者																										
⑥	公的年金	本人(国民年金金)																										
		本人(厚生年金)																										
		配偶者(国民年金金)																										
		配偶者(厚生年金)																										
⑦		雇用保険																										100
⑧		個人年金																										30
⑨		その他収入																										
⑩		一時収入			42																							
⑪		収入合計	570	570	612	570	570	570	666	666	666	666	696	696	696	696	696	696	696	696	696	696	696	696	696	696	696	250
⑫	Ⅱ支出	基礎生活費	313	313	326	326	326	326	326	326	326	326	326	326	326	326	326	326	326	326	326	326	326	313	313	313	313	285
⑬		教育費	10	10	10	10	36	42	42	42	42	84	84	100	100	100	100	110	140	170	140	140	140	150	125	125	125	
⑭		住居費(家賃・ローン等)	120	120	120	120	120	120	120	120	120	120	120	120	120	120	120	120	120	120	120	120	120	120	120	120	120	10
⑮		生命保険料・損害保険料	38	38	38	38	38	38	38	38	38	38	43	43	43	43	43	48	48	48	48	48	48	30	30	30	30	10
⑯		その他支出	50	50	50	50	50	50	50	50	50	50	50	50	50	50	50	50	50	50	50	50	50	50	50	50	50	50
⑰		一時支出	0	0	300	0	20	0	0	0	25	0	0	0	100	0	0	100	25	200	0	0	0	0	0	70	110	0
⑱		支出合計	531	531	844	544	590	576	576	576	601	618	623	639	739	639	639	754	709	914	684	684	684	663	638	708	748	355
⑲		年間収支(Ⅰ－Ⅱ)	39	39	−232	26	−20	−6	90	90	65	48	73	57	−43	57	57	−58	−13	−218	12	12	12	33	58	−12	−52	−105
⑳		貯蓄残高	500	539	307	333	313	307	397	487	552	600	673	730	687	744	801	743	730	512	524	536	548	581	639	627	575	470

家族旅行を増やし，教育費を増やしただけで60歳時点での貯蓄残高は500万円を下回ってしまいました（図表Ⅲ部－15）。60歳から企業年金が有り，65歳から公的年金が有るとはいえ，このままでは生活が成り立たなくなってしまうことが明白です。

Ａさんのご家庭の場合，支出に関してはそれほど多く見積もってはいません。強いていえば，細かい支出の把握ができているかどうかであると思います。細かく把握すれば，無駄な支出を減らし基本生活費が少なくなる可能性はあります。

家計の見直しは「収入を増やす」か「支出を減らす」のどちらかです。そこで，CF表見直し後②（図表Ⅲ部－16）では，妻のＢさんに2025年からパートタイムで働くのではなく，2019年から週20時間，年収120万円にてパートタイムで働いてもらうことにしました。週20時間ですので，雇用保険には加入することになります。よってそれほど大きな金額ではありませんが，育児休業給付金を受給することもできます。

また，Ａさんが気づいていなかった社会保障からの収入として，児童手当（０歳～３歳未満：15,000円／人　３歳～小学校修了前：10,000円／人　中学生：10,000円／人，所得制限限度額以上の場合の給付は特例給付5,000円／人）があります。また長女と長男が就職してからは月に５万円を家計費として入れてもらうことにしました。その結果，60歳時点での貯蓄額が1,874万円となりました（図表Ⅲ部－16）。当初の計画よりは改善されたといえるでしょう。ただし，平均寿命が延びる中，将来の長い老後期間を考えると，またどこかのタイミングで再検討する必要がでてくることになるでしょう。

妻のＢさんがパートでなくフルタイムで働けば，厚生年金にも加入することになり，老後の生活が楽になります。Ａさんのご家庭は，事情が許せば妻のＢさんが働くことによって家計の見直しができます。

図表Ⅲ部－16　30-60CF表見直し後②

年	2019	2020	2021	2022	2023	2024	2025	2026	2027	2028	2029	2030	2031
① 家族構成 本人	35	36	37	38	39	40	41	42	43	44	45	46	47
① 家族構成 妻	31	32	33	34	35	36	37	38	39	40	41	42	43
① 家族構成 長女	2	3	4	5	6	7	8	9	10	11	12	13	14
① 家族構成 長男			0	1	2	3	4	5	6	7	8	9	10
② ライフイベント ライフイベント名	妻パートタイム就労		長男誕生 自動車購入		家族旅行	長女小学校入学			家族旅行	長男小学校入学		長女中学校入学	家族海外旅行
ライフイベント合計金額			300		20				25				100
③ Ⅰ収入 給与・賞与 本人	570	570	570	570	570	570	570	570	570	570	600	600	600
③ 給与・賞与 配偶者	120	120		120	120	120	120	120	120	120	120	120	120
④ 退職一時金 本人													
④ 退職一時金 配偶者													
⑤ 企業年金 本人(確定給付)													
⑤ 企業年金 本人(確定拠出)													
⑤ 企業年金 配偶者													
⑥ 公的年金 本人(国民年金金)													
⑥ 公的年金 本人(厚生年金)													
⑥ 公的年金 配偶者(国民年金金)													
⑥ 公的年金 配偶者(厚生年金)													
⑦ 雇用保険			60										
⑧ 個人年金													
⑨ その他収入	ˉ8	12	72	30	30	24	24	24	24	24	24	24	24
⑩ 一時収入													
⑪ 収入合計	708	702	702	720	720	714	714	714	714	714	744	744	744
⑫ Ⅱ支出 基礎生活費	3ˉ3	313	326	326	326	326	326	326	326	326	326	326	326
⑬ 教育費	36	36	36	36	36	42	42	42	42	84	84	100	100
⑭ 住居費(家賃・ローン等)	120	120	120	120	120	120	120	120	120	120	120	120	120
⑮ 生命保険料・損害保険料	38	38	38	38	38	38	38	38	38	38	43	43	43
⑯ その他支出	50	50	50	50	50	50	50	50	50	50	50	50	50
⑰ 一時支出	0	0	300	0	20	0	0	0	25	0	0	0	100
⑱ 支出合計	557	557	870	570	590	576	576	576	601	618	623	639	739
⑲ 年間収支(Ⅰ－Ⅱ)	151	145	－168	150	130	138	138	138	113	96	121	105	5
⑳ 貯蓄残高	500	645	477	627	757	895	1,033	1,171	1,284	1,380	1,501	1,606	1,611

年	2032	2033	2034	2035	2036	2037	2038	2039	2040	2041	2042	2043	2044
① 家族構成 本人	48	49	50	51	52	53	54	55	56	57	58	59	60
① 家族構成 妻	44	45	46	47	48	49	50	51	52	53	54	55	56
① 家族構成 長女	15	16	17	18	19	20	21	22	23	24	25	26	27
① 家族構成 長男	11	12	13	14	15	16	17	18	19	20	21	22	23
② ライフイベント ライフイベント名		長女高校入学	長男中学校入学 自宅修繕	家族旅行	長女大学入学 自動車買い替え	長男高校入学		ジョギングを始める	長女就職 長男大学入学	ハーフマラソン完走	長男短期留学	長女結婚	定年退職 長男就職
ライフイベント合計金額			100	25	200						70	110	
③ Ⅰ収入 給与・賞与 本人	600	600	600	600	600	600	600	600	600	600	600	600	
③ 給与・賞与 配偶者	120	120	120	120	120	120	120	120	120	120	120	120	120
④ 退職一時金 本人													
④ 退職一時金 配偶者													
⑤ 企業年金 本人(確定給付)													100
⑤ 企業年金 本人(確定拠出)													20
⑤ 企業年金 配偶者													
⑥ 公的年金 本人(国民年金金)													
⑥ 公的年金 本人(厚生年金)													
⑥ 公的年金 配偶者(国民年金金)													
⑥ 公的年金 配偶者(厚生年金)													
⑦ 雇用保険													100
⑧ 個人年金													30
⑨ その他収入	24	12	12	12	12								
⑩ 一時収入									60	60	60		60
⑪ 収入合計	744	732	732	732	732	720	720	720	720	720	720	720	370
⑫ Ⅱ支出 基礎生活費	326	326	326	326	326	326	326	326	313	313	313	313	285
⑬ 教育費	100	100	110	140	170	140	140	140	150	125	125	125	
⑭ 住居費(家賃・ローン等)	120	120	120	120	120	120	120	120	120	120	120	120	10
⑮ 生命保険料・損害保険料	43	43	48	48	48	48	48	48	30	30	30	30	10
⑯ その他支出	50	50	50	50	50	50	50	50	50	50	50	50	50
⑰ 一時支出	0	0	100	25	200	0	0	0	0	0	70	110	0
⑱ 支出合計	639	639	754	709	914	684	684	684	663	638	708	748	355
⑲ 年間収支(Ⅰ－Ⅱ)	105	93	－22	23	－182	36	36	36	57	82	12	－28	15
⑳ 貯蓄残高	1,716	1,809	1,787	1,810	1,628	1,664	1,700	1,736	1,793	1,875	1,887	1,859	1,874

第Ⅳ部

老後に向けた必要知識
と
お金の話

第1章 60歳以降のライフプランを考える

Ⅰ 人生100年時代のライフプラン

1 自分の老後を自分で設計する時代へ

人生100年時代がやってくると言われています。平均寿命が男女ともに80歳を超えており，日常生活に制限のない期間である健康寿命も現在の健康志向により，今後ますます延びていくと言われています。

一般的なこれまでの定年退職年齢である60歳から100歳までと仮定すると40年間あります。現役世代の期間を20歳から60歳と考えると，60歳以降も現役期間とほぼ同じ期間を過ごすということも考えられます。もちろん健康に過ごすことが第一優先です。そして，次に，どう過ごすか，ということ，つまり心の健康も大切になります。つまり，自分がその期間をどう過ごしたいのか，「どうありたいのか」，これだけは大切にしたいことなど，事前に考えておくことがこれからますます重要になります。

そして，人生100年時代となると，長い老後期間をどう過ごしたいのかという「生きがい」に関連するライフイベントを考えていくことがいっそう必要になっていくでしょう。つまり，これからの時代，自分の描く将来のライフデザイン，自分自身の考え方や価値観に合ったライフプランをもとに，自分の老後を自分で設計していく時代になっていくといえます。そのためには，いくつかのポイントが考えられます。まずは，「自分の生きがいは何か」，「やりたいことは何か」ということです。生きがいに繋がることをしっかりと考えていくことが必要になっています。趣味や旅行といったことかもしれませんし，働き続けることや地域の活動などで社会との繋がりをもつことなどが考えられます。またもちろん病気や介護状態にならないようにする健康作りも大切です。健康であれば，やりたいこともできますが，病気になってしまうと，それも叶いません。そして，最後がリタイア後の生活資金の確保です。健康で充実した人生を送るために自分のやりたいことをするためにはある程度お金が必要であり，それは早い時期から計画を立てていくことがポイントです。

自分の老後を設計していく前に確認しておきたいこともあります。例えば，住宅ローンが残っていないかどうか，必要な生命保険の見直しは済ませているか，現時点の個人資産や負債の状況はどうなっているか，そして金融資産の残高の状況はどうなっているかなどです。それらを把握したうえで，老後の生活設計を考えていきます。その際，資金計画については，自分の生活スタイルに合わせながら，予備的な備えも考慮し，さらには，長生きしたときの経済的なリスクも考慮して，余裕をもった計画を立てていくようにするとよいでしょう。

図表Ⅳ部－１　自分の老後を設計するときのポイント

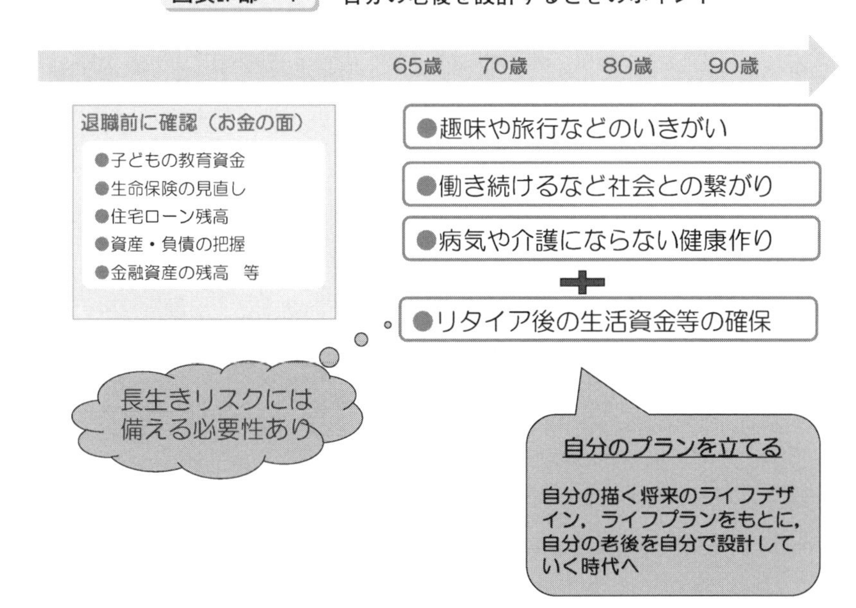

第１章 60歳以降のライフプランを考える

Ⅱ 生きがいとライフイベント

1 生きがい作りとライフイベント表の作成

「長い老後をどう過ごすか。」を考えるときに，今後のライフプラン全体を考えておくことが必要です。近年では，ライフスタイルの多様化により，ライフイベントも人によってさまざまに異なっています。また自分のイメージする理想の将来を実現していくためにも，自分にはどんなイベントが考えられるのか，またそれらのイベントをいつ実現していくのかなど，計画していくことがますます重要になります。そして，どう過ごしたいかという「生きがい」に関連するものを考えていくことがいっそう大切になっています。例えば，以下のようなことが考えらます。

（参考例）

★働くことに生きがいを感じる人または生きがいではないが働き続けたいと思っている人

・何歳まで現役同様に働くのか，働き方は変えていくのか

・仕事はペースダウンしながらも何歳まで働くのか

★働くこと以外の生きがいはあるか，そしてそれは何か（例示）

・趣味（スポーツ以外）を満喫
（陶芸，絵画，音楽，ガーデニング，盆栽，写真など）

中央経済社

- スポーツを満喫　（ゴルフ，マラソン，水泳，テニスなど）
- ボランティア活動・地域貢献
- 国内旅行（温泉巡り，歴史探訪，名城巡り，など）
- 海外旅行（世界遺産巡り，豪華客船の旅など）　など

将来やりたいことや夢，ライフイベントなどを表形式などにして自由に書いてみるとよいでしょう（ライフイベント表）。毎年見直していけばよいので，思いつく範囲で，自分で書き出してみましょう。またその際，それぞれのライフイベントにかかるおおよそのお金も入れてみるとよいでしょう。

ライフプランの作成で，まず始めにライフイベントを書き出していくことで，漠然とした今後の夢，やりたいこと，イベントが把握でき，数値化することでより具体的に見ることができます。

「いつ？　いくら必要か？」というように，具体的な金額が分かることで，逆算をして今から準備をはじめることができます。また，将来必要なお金の準備を始めることで，今を楽しむことができます。今から行うことを具体的に明記しておくとよいでしょう。

図表Ⅳ部－2　ライフイベント表の作成（抜粋例）

年		20××	20××	20××	20××	20××	20××	20××
家族構成	○○　いちろう	55	56	57	58	59	60	61
	かずこ	51	52	53	54	55	56	57
	はなえ	22	23	24	25	26	27	28
	たろう	18	19	20	21	22	23	24
ライフイベント	ライフイベント	ジョギングを始める	はなえ就職 たろう大学入学	ハーフマラソン完走	たろう短期留学		いちろう定年退職 たろう就職 海外旅行	フルマラソン完走
	ライフイベント合計金額（万円）		△△	△△	△△		△△△	△△

第1章　60歳以降のライフプランを考える

Ⅲ　老後の所得確保に向けて

1　ゆとりある老後に向けて

老後の生計を支える手段について,「公的年金」を挙げる人が多いのが現状です。確かに公的年金は老後生活の柱であり基本となるものです。しかしながら,公的年金は一人ひとりの老後の生活の全てを保障するものではありません。また,公的年金については,今後,少子高齢化の中で持続可能性を高め,将来世代の給付水準を維持していくために,さまざまな制度改正も行われていくでしょう。例えば,マクロ経済スライドによる調整や年金額の改定ルールの見直しもその1つです。そのような中で,一人ひとりが描く夢ややりたいことを,それぞれの状況やライフスタイルに合わせ,実現させていくためには,個々人によって,現役時代から少しずつ老後の生活をイメージしながら行動していくことも必要になるでしょう。資金面においても,貯蓄や個人年金・企業年金あるいは就労による収入などを組み合わせることを考えて準備をしていくことが必要になっていくでしょう。

2　60歳以降の就労と年金

労働力人口については,65歳以上の占める比率は上昇を続けています。これは,高齢就業者の増加と生産年齢人口の減少によるものです。

60～64歳の雇用者数については,2004年の高年齢者雇用安定法の改正と,団塊世代が60歳台に到達した2006年以降増加しました。一方，65～69歳の雇用者数については，2010年代以降，就業率の上昇と団塊の世代が65歳を超えたことを受け増加しています。60歳以上で仕事をしている人の多くが，65歳を超えても就労したいという意欲を持っています。その理由としては主に経済的な理由となりますが，60歳台後半になると，「健康にいいから」「いきがい，社会参加のため」といった人も増えています。もちろん，健康状態など個々人の状況等により異なりますが，平均余命や健康寿命が延びている現在，働けるうちはできるだけ長く働きたいと考える人も多くなりました。

その際，終身年金である公的年金については，繰下げを利用して，働いて保険料を納めた分と繰り下げた分だけ増加した年金を退職後に受け取るということも考えられます。今後は年金の受取り開始時期も自分で柔軟に考えることも必要となるでしょう。

図表Ⅳ部－３　60歳以降の就労と年金の受取り（例）

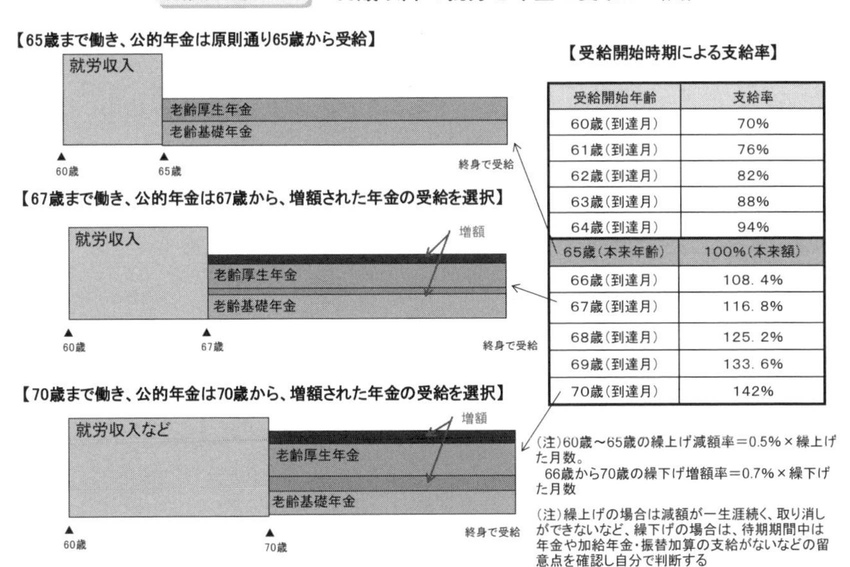

受給開始年齢	支給率
60歳（到達月）	70%
61歳（到達月）	76%
62歳（到達月）	82%
63歳（到達月）	88%
64歳（到達月）	94%
65歳（本来年齢）	100%（本来額）
66歳（到達月）	108.4%
67歳（到達月）	116.8%
68歳（到達月）	125.2%
69歳（到達月）	133.6%
70歳（到達月）	142%

（注）60歳～65歳の繰上げ減額率＝0.5%×繰上げた月数。
66歳から70歳の繰下げ増額率＝0.7%×繰下げた月数

（注）繰上げの場合は減額が一生涯続く、取り消しができないなど、繰下げの場合は、待期期間中は年金や加給年金・振替加算の支給がないなどの留意点を確認し自分で判断する

（注）就労収入と年金額の図については、あくまでイメージであり、金額については個々のケースで異なる
（注）昭和36年4月2日以降生まれの男性の場合

3　就労と年金の組合せによる所得確保の例

働く期間が長くなっていけば，個人の備え方は変わってきます。公的年金の一番の特徴は，終身年金であるということです。働けるうちは働いて収入を確保し，公的年金は，長生きリスクを加味して，繰り下げして受け取るということも考えられます。

今後ますます長くなる人生の後半，老後をどう過ごしたいか，どのような生活をおくりたいかは一人ひとり異なります。考え方も人それぞれです。老後をどう過ごしたいかによって，生活に必要なお金も異なってきます。ここで，少し視点を変えて，将来，自分はどういう生活をしたいのか，60歳以降の希望の生活費を考えるというところから所得確保の例をみていきましょう。

会社員のＫさんの場合，老後の希望生活費は年間282万円と考えています。Ｋさんは60歳で退職し公的年金は65歳から200万円とします（図表Ⅳ部－４）。

では，まず年金を活用して，この年金をどこまで繰り下げすれば，希望生活費をカバーできるかという視点であえてみていきます。すると，だいたい70歳まで繰り下げると，Ｋさんの場合，希望生活費を上回ることになります。ただし，60歳で退職した場合，繰下げまでの10年の収入が空白になります。その期間をどうするかということは課題になります（図表Ⅳ部－５）。

いろいろな方法があるかと思いますが，例えば働くとか，企業年金がある人

図表Ⅳ部－4　年金を活用する～繰下げ制度（概算表示）①

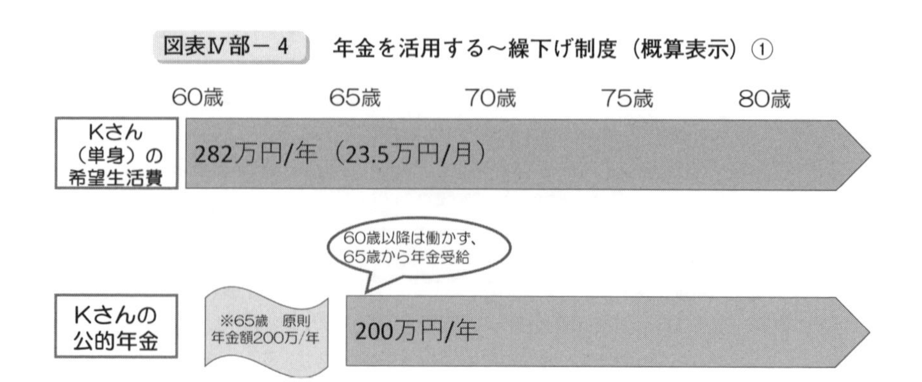

図表Ⅳ部－５　年金を活用する～繰下げ制度（概算表示）②

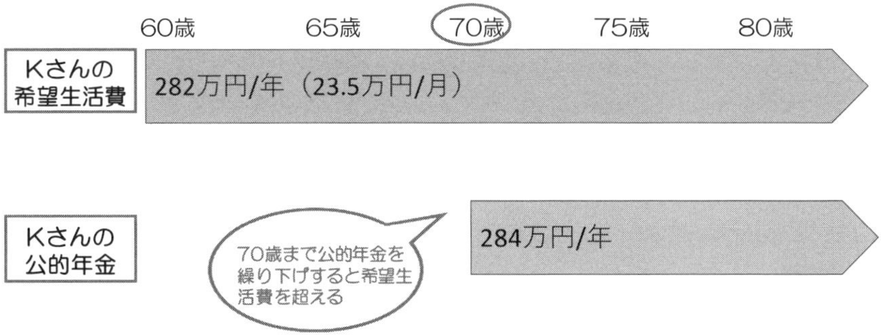

は企業年金を活用するとか，iDeCoなど個人年金を活用するなどして，公的年金の繰り下げをするところまでをカバーすることが考えられます。この10年間は，働くこと以外では，個人年金，企業年金あるいは貯蓄のとり崩しなどで賄っていけばＫさんは何事もなければ希望の生活がおくれることになります（図表Ⅳ部－６）。

ただし，Ｋさんの希望によっては，70歳まで働くことや企業年金や個人年金の加入状況によっては，事前に70歳まで繰り下げることを決めてそれを前提にすることは難しいかもしれません。そのような場合は，次の対応方法を考えます。

そこで，これまでとは違うアプローチを考えてみます。その１つとしては，希望生活費を再検討して少し節約できるなら，そうしてみるという方法もあるでしょう。「希望生活費を下げたらどうなるか」を考えます。本人の希望も考慮しながら，希望生活費を少し下げてみると，70歳まで繰り下げなくてもよいことになります。Ｋさんの場合は，年間240万円に下げると，だいたい67歳の年金受給開始で，希望生活費とほぼ同額になります。年金を繰り下げて受け取り始める時期までは働いて収入を得て，それでも不足する分は企業年金や個人年金などでやりくりするという方法も考えられるわけです（図表Ⅳ部－７）。当然，働く期間はもっとは長く延ばしてもいいですし，企業年金なども，もっと長くもらえるプランもあるでしょう。

図表Ⅳ部－6 年金を活用する～繰下げ制度（概算表示）③

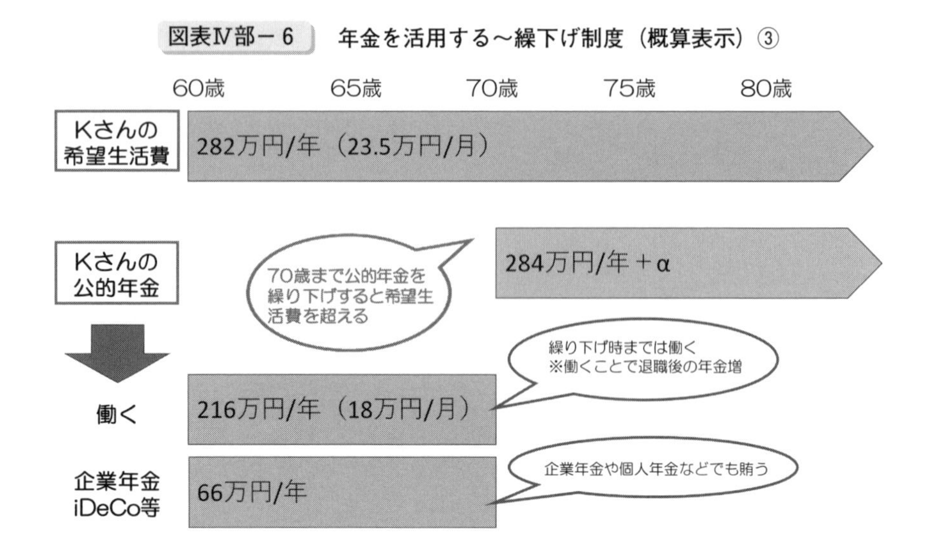

いろいろな方法が考えられるのですが，年金を活用して設計する場合，一人ひとり，まず自分の公的年金額を確認し，考慮しながら，働く期間をどうするか，老後の希望生活費はどのくらいにするか，繰り下げを活用して少しずつ遅らせてみたらどうかなどと，検討していくという方法もあるでしょう。この他にも年金を活用する方法には年金を受給する時までに新たに厚生年金に加入して働くことや60歳以降の国民年金への任意加入などが考えられるでしょう。

以上のように，老後の所得確保を考える際，就労と年金をどう組み合わせるか，就労期間が長くなった場合，年金の受取開始時期をどうするかを考えることが必要になってきます。また，加入している企業年金の受取方法や受給期間はどうなっているのか，個人年金への加入はどうするのかなど，公的年金と私的年金を組み合わせて，年金を活用することがポイントとなるでしょう。公的年金は老後の生活においては柱となるものです。私的年金はあくまで公的年金を補完して高齢期の所得確保を図るものです。この違いを理解したうえで，上手にくみ合わせていくとよいでしょう。

さらに，やはりこれから大事なことは，自分で早めに将来のプランニングをするということです。そのためには，必要な知識，正確な情報をしっかり理解

図表Ⅳ部－7　年金を活用する～繰下げ制度（概算表示）④

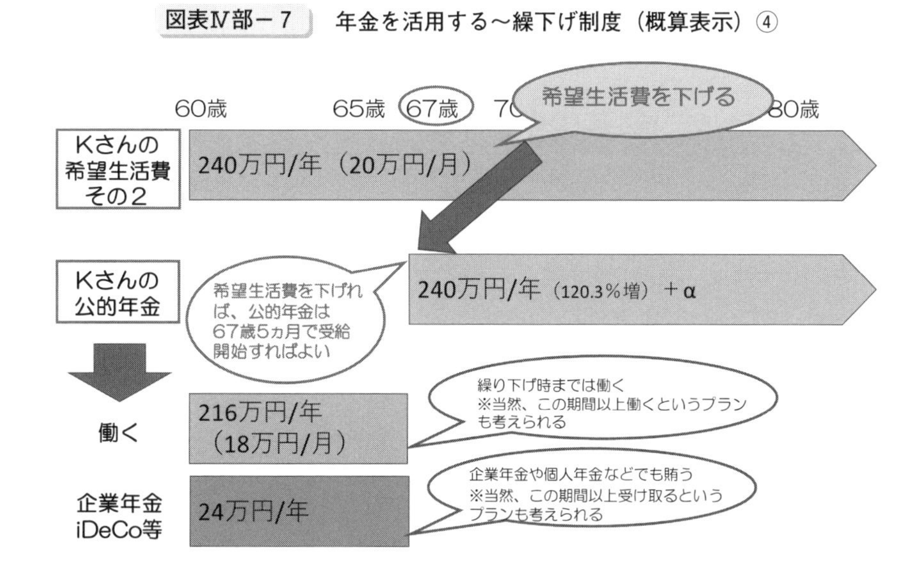

したうえで，長期的なプランニングを行いましょう。老後に向けたリタイアメントプランニングがいっそう必要な時代になるでしょう。

第２章 老後に向けた必要知識

Ⅰ 公的医療保険と民間医療保険

これから定年を迎える50歳代の人の心配事の１つに「老後の医療費」があります。年齢を重ねるうちに健康への不安が増し，「元気なうちに医療保険に加入しておこうかしら？」と考えるようです。

民間の医療保険は年齢が高くなるほど，保険料が高くなりますので，焦る気持ちもあるでしょう。ですが，厚生労働省「患者調査（2017年）」によると，平均入院日数は29.3日で，平成２年のピーク時が44.9日。医療技術の向上で入院日数は減少の方向です。

民間の医療保険は基本的に「公的医療保険で不足する部分を補うもの」です。まずは自分の加入している公的医療保険の給付内容を確認してから，不足する部分があれば，民間の医療保険を検討しましょう。

1 医療費の自己負担額は３割

会社員は勤務先の健康保険組合や協会けんぽ（全国健康保険協会）の「健康保険」，公務員は「共済組合」，自営業者は「国民健康保険」に加入しています。

病気やケガで医療機関を受診する際，被保険者証を提示すれば，医療費の自己負担額は原則として３割ですみます（図表Ⅳ部－８参照）。

定年後，雇用継続や再就職する人はその勤務先で健康保険に加入します。会社に勤めない人は国民健康保険，健康保険の任意継続被保険者，家族の被扶養者になるのいずれかを選択することになります。

図表Ⅳ部－８　医療機関窓口での自己負担額（外来・入院に共通）

年齢区分	一部負担金の割合
未就学児（０歳～小学校就学前）	医療費の２割
小学校就学～70歳未満	医療費の３割
70歳以上	医療費の２割※１（現役並み所得者は３割）

※１　昭和19年４月１日以前生まれの人は１割分公費で助成

いずれの制度であっても，医療費の自己負担額は70歳になるまで３割負担です。70歳から74歳までの人は所得に応じて１割～３割負担となっていますので，自己負担額は現役時代とほとんど変わりません。

2　高額療養費制度

入院したり，治療が長くかかるような病気にかかったなどの場合，３割負担ですむといっても，医療費の負担が重くなることがあります。

そのような時に利用できるのが公的医療保険の「高額療養費制度」です。

高額療養費制度とは同一月（その月の１日から末日まで）にかかった医療費の自己負担額が高額になった場合，一定の金額（自己負担限度額）を超えた分が，あとで払い戻される制度です。70歳未満と70歳以上では計算方法が違います（図表Ⅳ部－９，Ⅳ部－10参照）。

例えば，62歳の年収が400万円の人が入院して，総額で100万円の医療費がかかったとしましょう。

病院で支払う医療費は100万円の３割で30万円ですが，高額療養費制度で，実質の自己負担限度額は87,430円です（図表Ⅳ部－11参照）。このことから，１カ月にかかる医療費の目安は10万円程度と考えておけばよいでしょう。

また，世帯合算といい，同一月に同一世帯で21,000円以上の自己負担が２件以上生じたときは，これらを合算して自己負担限度額を超えた金額が高額療養費として払い戻されます。

さらに，多数該当といい，診療を受けた月以前の１年間に，３カ月以上の高額療養費の支給を受けた場合には，４回目以降は「多数該当」となり，自己負担限度額がさらに軽減されます。

なお，加入する健康保険組合によっては「付加給付」といい，健康保険の給付に上乗せする独自の制度を設けていところもあります。そうなると医療費の自己負担額はさらに少なくてすむケースもあります。

なお，公的医療保険で給付されないものに，「入院時の食事代の一部負担金」，「患者自身が希望した場合の差額ベッド代」，「先進医療の技術料」などがあります。

差額ベッド代は「患者自身が希望した場合」あるいは「患者が差額ベッドの同意書にサインした場合」のみかかります。また，先進医療はまだ健康保険の適用対象になっていない医療技術で，将来的には健康保険の適用対象になる可能性があります（2019年７月現在89種類）。

図表Ⅳ部－９　70歳未満の高額療養費

所得区分	ひと月の自己負担限度額（世帯ごと）	多数該当※2（４回目以降）
年収約1,160万円～ 健保：標準報酬月額83万円以上 国保：旧ただし書き所得901万円超※1	252,600円＋（総医療費－842,000円）×１％	140,100円
年収約770万円～約1,160万円 健保：標準報酬月額53万円～79万円 国保：旧ただし書き所得600万円～901万円※1	167,400円＋（総医療費－558,000円）×１％	93,000円
年収約370万円～約770万円 健保：標準報酬月額28万円～50万円 国保：旧ただし書き所得210万円～600万円※1	80,100円＋（総医療費－267,000円）×１％	44,400円
～年収約370万円以下 健保：標準報酬月額26万円以下 国保：旧ただし書き所得210万円以下※1	57,600円	44,400円
住民税非課税者	35,400円	24,600円

※1　旧ただし書き所得＝前年の総所得金額（退職所得金額を除く）－住民税の基礎控除額33万円
※2　診療を受けた月以前の１年間に，３回以上の高額療養費の支給を受けた場合には，４回目以降は「多数該当」となり，自己負担限度額がさらに軽減される。

図表Ⅳ部－10　70歳以上の高額療養費（2018年8月～）

所得区分		自己負担限度額	
		外来（個人ごと）	外来・入院（世帯合算）
現役並み所得者	年収約1,160万円～ 健保：標準報酬月額83万円以上 国保：課税所得690万円以上※1	252,600円＋（総医療費－842,000円）×1％ 【多数該当140,100円※2】	
現役並み所得者	年収約770万円～約1,160万円 健保：標準報酬月額53万円～79万円 国保：課税所得380万円以上※1	167,400円＋（総医療費－558,000円）×1％ 【多数該当93,000円※2】	
現役並み所得者	年収約370万円～約770万円 健保：標準報酬月額28万円～50万円 国保：課税所得145万円以上※1	80,100円＋（総医療費－267,000円）×1％ 【多数該当44,400円※2】	
一般	年収約156万円～約370万円 健保：標準報酬月額26万円以下 国保：課税所得145万円未満※1	18,000円 【年間上限14万4,000円】	57,600円 【多数該当44,400円※2】
低所得者	Ⅱ住民税非課税世帯	8,000円	24,600円
低所得者	Ⅰ住民税非課税世帯 （年金収入80万円以下など）	8,000円	15,000円

※1　旧ただし書き所得＝前年の総所得金額（退職所得金額を除く）－住民税の基礎控除額33万円
※2　診療を受けた月以前の1年間に，3回以上の高額療養費の支給を受けた場合には，4回目以降は「多数該当」となり，自己負担限度額がさらに軽減される。

図表Ⅳ部－11　高額療養費に該当した場合

【例】62歳で年収400万円の人が入院と手術で同月内に100万円の医療費がかかったケース
高額療養費の所得区分は図表Ⅳ部－9の【年収約370万円～約770万円】

80,100円＋（総医療費100万円－267,000円）×1％＝87,430円→実質の自己負担額
1カ月にかかる医療費は9～10万円が目安。

3　医療保険は本当に必要であるか？

以上のように医療費の負担は軽減できます。このため，健康保険が適用される保険診療であれば，高額療養費制度を利用することで，民間の医療保険に加入することなく，貯蓄で不足分をカバーすることができます。

貯蓄が十分にある人や会社が健康保険組合で，福利厚生制度が充実している人は慌てて医療保険に加入する必要性は低いといえるでしょう。

なお，会社員と比べて，福利厚生制度や入院中の所得保障にあたる傷病手当金がない自営業者の人は医療保険を検討する必要があります。

4 50歳代からの医療保険の見直し

子どもが独立した，定年退職を迎えたなど大きなライフイベントを迎えるときは家計や生命保険を見直すタイミングです。例えば，子どもが独立したら，今まで加入していた大型の死亡保障は必要ありません。

生命保険の見直し方法には「増額」，「減額」，「保険料を減らす」があります。保障が多すぎるときは保険金を減額することで，多い部分を削ることができます。また，保険料を削減したいときは加入中の保険の特約を解約したり，保険そのものを解約し，他の保険に入り直すこともできます（ただし，健康状態によっては新たに加入できないこともあり）。

生命保険に医療特約がオプションとしてセットされていることが多いですが，医療特約の内容をしっかり確認しましょう。

「どのような時にどのような給付金が受け取れるか」，「いつまで保障期間が続くか」，「保険期間の途中で保険料が見直されるかどうか」などです。

民間の医療保険は入っていれば安心と思い込んでしまう人もいますが，年金生活に入る前に無駄な支出を極力抑え，しっかり貯蓄しておくことも大切です。貯蓄したお金は医療費や介護費の支払い，住宅の修繕費，趣味，孫へのお小遣いなど，使い道を問いません。

しかし，医療保険は入院や所定の手術を受けなければ，保険料は掛け捨てになるということも忘れないようにしましょう。

第２章　老後に向けた必要知識

Ⅱ　個人年金保険

1　個人年金保険とは

老後生活資金を貯める方法の１つに生命保険会社などが取り扱っている「個人年金保険」があります。

個人年金保険には契約した時点で将来受け取る年金額が決まっている「定額年金」と，特別勘定で資産を運用して，運用実績に応じて，将来受け取る年金額が変動する「変額個人年金保険」があります。

また，年金の受取期間によって，次の３つに分けることができます。

⑴　確定年金

年金受取開始後，被保険者の生死に関係なく，５年，10年などの一定期間年金を受け取ることができます。受取開始後，被保険者が死亡した場合は，残りの期間分の年金が遺族に支払われます。

⑵　有期年金

年金受取開始後，被保険者が生存している場合に限り，年金を受け取ることができます。

⑶　終身年金

年金受取開始後，被保険者が生存している限り，年金が受け取れます。終身年金に10年・15年などの保証期間をセットすることで，保証期間中に被保険者が死亡しても，残りの期間分の年金が遺族に支払われます。

図表Ⅳ部－12 10年確定年金

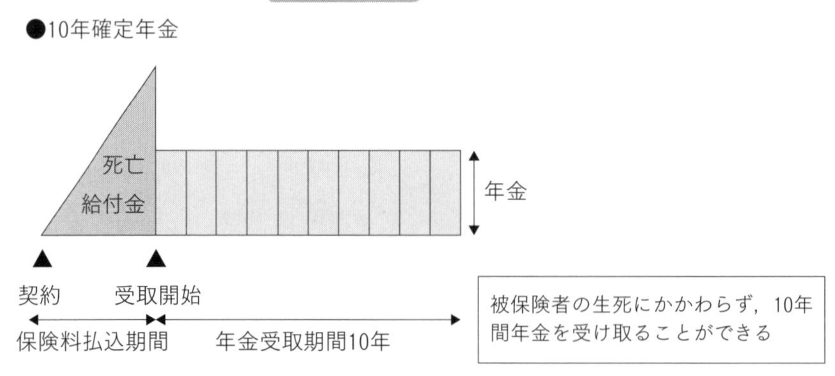

図表Ⅳ部－13 個人年金保険 主なメリットとデメリット

メリット
① 受取開始年齢になったら，確実に年金を受け取ることができる
② 「個人年金保険料税制適格型」に該当すると，生命保険料控除とは別枠で個人年金保険料控除を受けることができる
③ 解約しづらいため，確実に資金を貯めることができる

デメリット
① 保険料払込期間の途中で解約した場合には元本割れする可能性あり
② 定額年金の場合，年金受取開始時にインフレだと，受け取る年金額は目減りする
③ 保険会社が倒産した場合，将来受取れるはずの年金額が減額される可能性あり

2 個人年金保険に加入すべきかどうかの判断は？

かつて，個人年金保険は予定利率（契約者に対して約束する運用利回りのこと）が５～６％ほどありましたが，現在は１％を切っています。予定利率は，加入したときの利率が最後（満期）まで適用されます。このため，個人年金保険のように契約期間が20年，30年という長期にわたる場合，低金利時の加入は不利だといえるでしょう。

また，将来受取る年金額が決まっている定額年金の場合，年金受け取り開始時にインフレになっていると，受け取る年金額は目減りすることになります。

税制面についてですが，老後資金作りの商品として，「個人年金保険」と「確定拠出年金（iDeCo)」がよく比較されています。

契約が2012年1月1日以降の個人年金保険で個人年金保険料控除の適用が受けられる場合，控除額は最大で所得税が4万円，住民税が2.8万円となっています。一方，確定拠出年金（iDeCo）は掛金が全額所得控除され，運用益が非課税となり，受取時についても一定額まで税金がかかりません。（第3章のⅦ（195頁）参照)。

個人年金保険への加入は，メリットとデメリットを考慮したうえで，自分に合った老後生活資金作りをしましょう。

第２章　老後に向けた必要知識

Ⅲ　公的介護保険

1　公的介護保険

2000年にスタートした公的介護保険は保険料を負担している40歳以上の人が対象になります。65歳以上の人は第１号被保険者，40〜64歳までの人が第２号被保険者です。第１号被保険者は，要介護状態（寝たきり・認知症などで常に介護を必要とする状態）または要支援状態（常時の介護は必要ないが，家事など日常生活に支援が必要な人）になった原因は問われません。一方，第２号被保険者は，初老期における認知症，脳血管疾患など，老化等が原因の16種類の病気により，要介護または要支援状態となった人です。

介護サービスの利用にあたっては，要介護または要支援なのかどうか判定する必要があります。要介護認定の申請窓口は市区町村の介護保険担当窓口や地域の「地域包括支援センター」です。

申請後の流れ（図表Ⅳ部－14参照）は一次判定と二次判定を経て，原則30日以内に認定結果が通知されます。認定は介護の必要度（要介護度）に応じて「非該当」，「要支援（１または２）」，「要介護（１から５）」の計７段階に区分され，介護保険サービスの支給限度額が決まります（図表Ⅳ部－15参照）。

支給限度額といい，要介護度や要支援度に応じて利用できる金額が決められており，自己負担額は所得に応じて，１割または２割あるいは現役並みの所得の人は３割です。なお，上限額を超えてサービスを利用した分は全額自己負担

図表Ⅳ部－14　介護保険の仕組みと手順

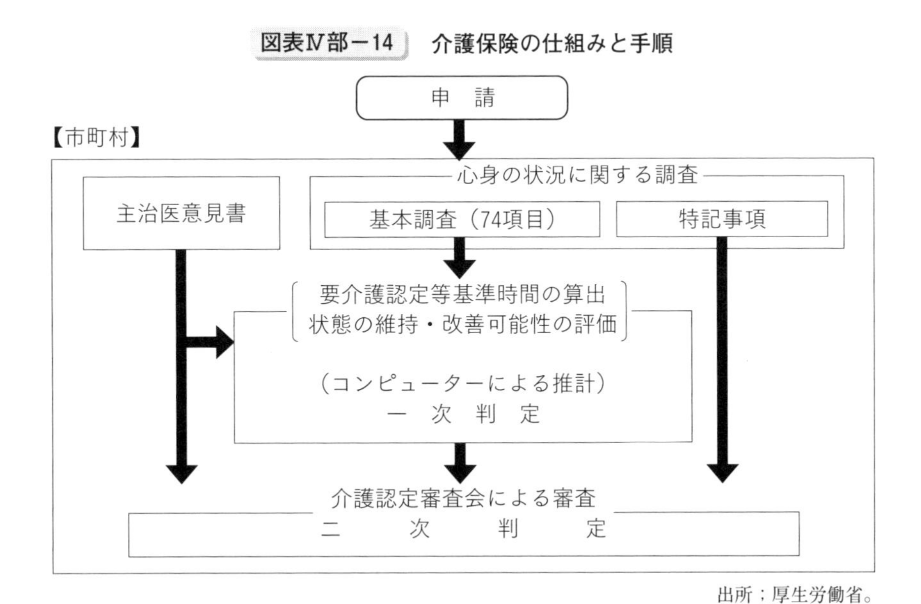

出所：厚生労働省。

図表Ⅳ部－15　居宅サービスの利用目安と支給限度額

要介護度	サービス水準の目安	支給限度基準額 1カ月当たり （自己負担限度額※）
要支援1	日常生活の能力は基本的にあるが，週1回程度の予防訪問介護等が必要	50,030円（5,003円）
要支援2	要支援1の状態より日常生活の能力がわずかに低下し，週2回程度の予防介護等が必要	104,730円（10,473円）
要介護1	立ち上がりや歩行が不安定で，衣服着脱・掃除などで毎日1回の介護が必要	166,920円（16,692円）
要介護2	起き上がりも自力では困難で，食事・排せつ・入浴などで毎日1回の介護が必要	196,160円（19,616円）
要介護3	起き上がり，寝返りが自力でできない。毎日2回の介護が必要	269,310円（26,931円）
要介護4	日常生活の能力はかなり低下。意志疎通ができない人も。1日3～4回の介護が必要	308,060円（30,806円）
要介護5	生活全般にわたり部分的または全面的な介護に限る。1日5回以上の介護が必要	360,650円（36,065円）

※自己負担限度額は1割負担のケースを記載。

出所：和泉市ホームページをもとに作成（2019年9月現在）。

になります。

サービスを利用するには，要介護・要支援の認定を受けた後，ケアプランの作成が必要です。ケアプランは要支援1と2の人は地域包括支援センターと相談し，本人の心身の状況や環境などを考慮して介護予防ケアプランを作成します。一方，要介護1～5の人は介護支援専門員（ケアマネジャー）に相談して，本人の希望や状態に応じたケアプランの作成をします。

2 利用できる介護サービス

介護保険では全25種類，51のサービスがあります（2019年7月現在）。在宅サービスにはホームヘルパーが日常生活上の援助を行う訪問介護や，看護師などが療養上の世話や診療の補助を行う訪問看護などがあります。一方，施設サービスにはデイサービスなどの日帰り通所，ショートステイなどの一時的入所，特別養護老人ホームなどへの入所などがあります（図表Ⅳ部－16，Ⅳ部－17参照）。

また，福祉用具の貸与，福祉用具を指定業者から購入した場合に，年間10万円（保険給付9万円～7万円）を上限に支給，手すりの取付けや段差解消などの住宅改修を行った場合，1人につき20万円（保険給付18万円～14万円）を限

図表Ⅳ部－16 介護サービス～自宅に住みながら受けるサービス～

介護度	在宅	日帰り施設通所	一時的施設入所
要支援 1・2	・介護予防訪問介護 ・介護予防訪問入浴介護 ・介護予防訪問リハビリテーション ・介護予防訪問看護 ・介護予防居宅療養管理指導	・介護予防通所介護 ・介護予防通所リハビリテーション	・介護予防短期入所生活介護(ショートステイ) ・介護予防短期入所療養介護
要介護 1～5	・訪問介護（ホームヘルプ） ・訪問入浴介護 ・訪問リハビリテーション ・訪問看護 ・居宅療養管理指導	・通所介護（デイサービス） ・通所リハビリテーション(デイケア)	・短期入所生活介護（ショートステイ） ・短期入所療養介護

図表Ⅳ部－17　介護サービス～介護保険施設に入所（入院）【要支援１と２の人は利用できない】

介護老人福祉施設（特別養護老人ホーム）	入所対象者は，身体上・精神上著しい障害があるため常時介護を必要とし，在宅介護が困難な要介護者。平成27年４月から，新規入所者は原則として，要介護３以上の人に。ただし，やむを得ない事情がある場合，要介護１・２の人も入所可。
介護老人保健施設（老人保健施設）	病状の安定している人に，看護，医学的管理のもとにおける介護，機能訓練等を提供し，家庭への復帰を支援。
介護療養型医療施設（療養型病床群など）	急性期の治療を終えた，長期療養が必要な人のための医療機関の病床。医学的管理のもとに医療，介護，リハビリテーションなどが受けられる。
介護医療院	長期にわたり医療と介護が必要な人を対象に，医療と日常生活上の世話が一体的に受けられる。

度として住宅改修費の支給などもあります。

3　自己負担額が高額になった場合

公的介護保険の自己負担額が高額になった場合，負担を軽減する制度があります（図表Ⅳ部－18，Ⅳ部－19参照）。

①　高額介護（予防）サービス費

１月の自己負担額（同じ世帯に複数の利用者がいる場合は，世帯の合計額）が自己負担限度額を超えた場合は，その超えた金額が「高額介護（予防）サービス費」として支給されます。

②　高額医療・高額介護合算制度

医療費が「高額療養費」の対象になった世帯に，介護保険の受給者がいる場合，医療保険と介護保険両方の自己負担額を合算して，年間の上限額を超えた分が「高額医療・高額介護合算療養費」として支給されます（図表Ⅳ部－19参照）。計算期間は１年間（その年８月から翌年７月）です。

図表Ⅳ部－18　高額介護（予防）サービス費

利用者負担段階区分	負担限度額(月額)
現役並み所得者※1がいる世帯	44,400円（世帯）
市区町村民税課税世帯	44,400円※2
世帯全員が市区町村民税非課税	24,600円
世帯全員が市区町村民税非課税で， ①前年の合計所得金額および課税年金収入額の合計が80万円以下の人 ②老齢福祉年金受給の人	①15,000円(個人) ②24,600円(世帯)
生活保護受給の人	15,000円(個人)

※1　同一世帯に課税所得145万円以上の65歳の人がいて，65歳以上の人の収入が単身の場合383万円以上，２人以上の場合520万円以上ある世帯の人。
※2　2017年７月までは37,200円。１割負担の被保険者のみの世帯の場合，2020年７月までは年間の負担上限額が446,400円（37,200円×12カ月）となる

図表Ⅳ部－19　高額医療・高額介護合算療養費制度

<table>
<tr><th>所得区分</th><th>70歳未満
（注２）</th><th>70歳～74歳
（注２）</th><th>75歳以上</th></tr>
<tr><td>年収約1160万円～
健保：標準報酬月額83万円以上
課税所得690万円以上</td><td>212万円</td><td>212万円</td><td>212万円</td></tr>
<tr><td>年収770万～1160万円
健保：標準報酬月額53～79万円
課税所得380万円以上</td><td>141万円</td><td>141万円</td><td>141万円</td></tr>
<tr><td>年収370万～770万円
健保：標準報酬月額28～50万円
課税所得145万円以上</td><td>67万円</td><td>67万円</td><td>67万円</td></tr>
<tr><td>一般（年収156～370万円）
健保:標準報酬月額26万円以下
国保・後期　課税所得145万円未満（注１）</td><td>60万円</td><td>56万円</td><td>56万円</td></tr>
<tr><td>市町村民税世帯非課税</td><td rowspan="2">34万円</td><td>31万円</td><td>31万円</td></tr>
<tr><td>市町村民税世帯非課税
（所得が一定以下）</td><td>19万円
（注３）</td><td>19万円</td></tr>
</table>

（注１）　収入の合計額が520万円未満（１人世帯の場合は383万円未満）の場合及び旧ただし書所得の合計額が210万円以下の場合も含む。
（注２）　対象世帯に70～74歳と70歳未満が混在する場合，まず70～74歳の自己負担合算額に限度額を適用した後，残る負担額と70歳未満の自己負担合算額を合わせた額に限度額を適用する。
（注３）　介護サービス利用者が世帯内に複数いる場合は31万円。

4 家族の介護に直面したときに利用できる制度

家族の介護が必要な時期に，男女ともに離職することなく働き続けることができるよう，介護をサポートする制度もあります。

まず，「介護休業制度」は要介護状態にある対象家族の世話などをするために一定期間会社を休む場合，対象家族1人につき通算93日（3回まで分割可能）まで休暇を取得することができます。

さらに，雇用保険の「介護休業給付金」は介護休業を取得した一定の要件を満たした被保険者に対して，介護休業期間中（最大93日間）に対し，休業開始時賃金の約67％（上限額・下限額あり）が支給される制度です。

第２章　老後に向けた必要知識

Ⅳ　高齢期の住まい

1　終の棲家もバリアフリー化を

人生100年時代。定年後に自宅で過ごす時間も長くなりつつあります。

現在の住居にそのまま住み続けるか，別の場所に住み替えをするか，将来の介護のことを考えて有料老人ホームへの入所を検討するか，…老後の住まいを考えることはとても大切なことです。

現在暮らしている住居（持ち家）を終の棲家と考えるのであれば，住居のバリアフリー・介護リフォームが必要になってきます。主な実施箇所は，一戸建て・マンションともに「浴室」，「トイレ」，「廊下」だそうで，その内容としては「手すりの設置」，「段差の解消」となっています。

手すりの設置は，取り付ける場所によって，手すりの形状や施工方法，かかる費用が異なります。また，段差の解消は，つまづきによる転倒防止や，車いすでの移動を容易にできるよう，敷居を低くしたり，床のかさ上げやスロープを設置することで各室間の床や，玄関から道路までの通路等の段差を解消します。リフォームにはある程度まとまった費用がかかるため，早めに資金計画を立てておきましょう。

なお，高齢者の自宅リフォームについては手すりの取り付けや段差の解消などの住宅改修を行った場合，介護保険から費用の一部が支給されたり（162頁参照），各自治体の住宅リフォーム助成制度を活用することもできます（利用にあたっては諸条件があります)。

2 高齢期の住まい選び

将来，介護が必要になった場合，家族に介護の負担を掛けたくないと考えている人は介護サービスが付いている施設に入所することも選択肢のひとつになります。

介護サービス付き施設といっても，各種有料老人ホーム，ケアハウス，特別養護老人ホームなどさまざまです（図表Ⅳ部－20参照)。

ただし，有料老人ホームの中には数千万円の前払い金が必要な施設もあります。また，介護が必要になった場合，原則退去しなければならない施設もありますので，施設の見学や契約内容の細かい確認も必ずしましょう。

なお，介護サービス付き施設の中でも，「サービス付き高齢者向け住宅」（サ高住）は2011年に制度化された高齢者向けの賃貸住宅です。安否確認や生活相談などを受けることができ，外出や来客などに制限がなく，自由に暮らすことができます。ただし，施設によって，月額費用（家賃，共益費，食事代金等）や生活支援サービス状況等が違いますので，コスト面だけでなく，提供されるサービス等も含めて，自分に合った施設を選ぶと良いでしょう。

図表Ⅳ部－20　高齢者向け住宅・介護施設の概要

名　称	概　要	受け入れられる介護度	前払金	月額費用（都内のケース）
サービス付き高齢者向け住宅（サ高住）	安否確認や生活相談等，高齢者の安心を支えるサービスを提供するバリアフリー構造の住宅	自立～要介護３	敷金	家賃約５万円～25万円
健康型有料老人ホーム	食事等の生活支援サービスが付いた有料老人ホーム。介護が必要になると原則退去	自立のみ	０円～１億円を超えることもあり	約10万円～30万円
住宅型有料老人ホーム	食事等の生活支援サービスが付いた有料老人ホーム。介護は別契約で外部の介護サービスを利用	自立～要介護５	０円～１億円を超えることもあり	約10万円～30万円
介護付き有料老人ホーム	介護保険法に基づき特定施設入居者生活介護の指定を受けた有料老人ホーム	自立～要介護５	０円～１億円を超えることもあり	約10万円～30万円
軽費老人ホーム（ケアハウス）	本人の収入に応じて低額な費用で基本的な生活支援サービスを受けつつ，自立した生活を送ることができる	自立～要介護３	０～数百万円等	約７万円～15万円
認知症高齢者グループホーム	要介護１（一部要支援２）以上の認知症の人が対象。９人１単位で家庭的な共同生活を送ることができる	要支援２～要介護５	各グループホームによる	約12万円～18万円
特別養護老人ホーム	要介護１以上が対象の介護保険施設。生活支援・介護サービスが提供される。2015年４月から，入所は原則要介護３以上となった。	要介護３～要介護５	不要	約５万円～15万円
介護老人保健施設	要介護１以上が対象の介護保険施設。病院と自宅の中間施設的位置付け。介護，看護，リハビリが受けられる	要介護１～要介護５	不要	約６万円～16万円
介護療養型医療施設（廃止予定）	要介護１以上が対象の介護保険施設。長期の療養が必要な場合，介護も含めてサービスが提供される	要介護１～要介護５	不要	約７万円～17万円

出所：あんしんなっとくサービス付き高齢者向け住宅の選び方（東京都福祉保健局）（2019年２月現在）に筆者加筆。

第2章　老後に向けた必要知識

Ⅴ 成年後見制度

認知症や知的障害，精神障害などの理由で判断能力が不十分になった場合，自分で預貯金や不動産などの財産を管理したり，介護サービスの利用手続きなどができなくなることがあります。

このような判断能力が不十分な人を保護するのが「成年後見制度」です。成年後見制度には「法定後見制度」と「任意後見制度」の２つがあります。

法定後見制度は，既に判断能力が不十分な時に，申立により家庭裁判所によって選任された成年後見人等が本人に代わって財産や権利を守り，本人を法的に支援する制度です。

法定後見制度は本人の判断能力の程度に応じて，「後見」，「保佐」，「補助」の３類型に分かれ，この類型により，成年後見人等に与えられる権限や職務の範囲が異なります（図表Ⅳ部－21参照）。

なお，成年後見人等は，本人のためにどのような保護・支援が必要かなどの各事情に応じて，本人の親族以外にも，弁護士，司法書士，社会保険労務士などの専門家が専門職後見人となることがあります。

一方，任意後見制度は，本人に十分な判断能力があるうちに，将来，判断能力が不十分な状態になった場合に備えて，あらかじめ自分が選んだ代理人（任意後見人）に，自分の生活，療養看護や財産管理に関する事務について代理権を与える契約（任意後見契約）を公証役場で公正証書として作成しておきます。

任意後見制度では，本人の保護や財産管理などをどのような方法で行うのか，

図表Ⅳ部－21　成年後見制度

<table>
<tr><th rowspan="2"></th><th colspan="3">法定後見制度</th><th rowspan="2">任意後見制度</th></tr>
<tr><th>後見</th><th>保佐</th><th>補助</th></tr>
<tr><td>対象者</td><td>判断能力が欠けているのが通常の状態の人</td><td>判断能力が著しく不十分な人</td><td>判断能力が不十分な人</td><td>判断能力がある人</td></tr>
<tr><td>申立権者</td><td colspan="3">本人，配偶者，四親等内の親族，検察官，市町村長（※1）など</td><td>本人</td></tr>
<tr><td>成年後見人等（成年後見人・保佐人・補助人）の同意が必要な行為</td><td>——</td><td>民法13条１項所定の行為
（※２）（※３）（※４）</td><td>申立ての範囲内で家庭裁判所が審判で定める「特定の法律行為」（民法13条１項所定の行為の一部）
（※１）（※２）（※４）</td><td rowspan="3">・後見事務を行う任意後見人は本人との契約の中で決められた事務以外の事務は行えない

・結婚，離婚，養子縁組などの一身専属的な権利は任意後見契約に盛り込むことはできない

・同意権や取消権はない</td></tr>
<tr><td>取消しが可能な行為</td><td>日常生活に関する行為以外の行為</td><td>同上
（※２）（※３）（※４）</td><td>同上
（※２）（※４）</td></tr>
<tr><td>成年後見人等に与えられる代理権の範囲</td><td>財産に関するすべての法律行為</td><td>申立ての範囲内で家庭裁判所が審判で定める「特定の法律行為」（※１）</td><td>同左（※１）</td></tr>
<tr><td>申立先</td><td colspan="3">本人の住所地を管轄する家庭裁判所</td><td>全国の公証役場</td></tr>
<tr><td>費用</td><td colspan="3">①　収入印紙　１件につき　800円（補助・保佐は代理権付与申立に別途800円必要）
②　収入印紙（登記手数料）2,600円
③　連絡用郵便切手5,000円前後（額面指定あり）
④　鑑定費（予納）約10万円　など</td><td>①　基本手数料　11,000円
②　登記嘱託手数料　1,400円
③　登記所に納付する印紙代　2,600円
④　その他，本人たちに交付する正本等の証書代，登記嘱託書郵送用の切手代など</td></tr>
</table>

（※１）　本人以外の請求で，保佐人に代理権を与える審判をする場合は本人の同意が必要。補助開始の審判や補助人に同意権・代理権を与える審判をする場合も同様。
（※２）　民法13条１項では，借金，訴訟行為，相続の承認・放棄，新築・改築・増築などの行為。
（※３）　家庭裁判所の審判により，民法13条１項所定の行為以外も，同意権・取消権の範囲を広げることができる。
（※４）　日常生活に関する行為は除く。

契約内容を当事者同士で自由に決めることができます。

本人の判断能力が低下した後に，任意後見人が任意後見契約で決めた事務について，家庭裁判所が選任する「任意後見監督人」の監督のもと本人を代理して契約などをすることで，本人の意思に沿った適切な保護・支援をすることが可能になります。

なお，後見事務を行う任意後見人は本人との契約の中で決められた事務以外の事務は行えません。

第3章　老後のお金の話

Ⅰ　リタイアメントプラン

1　リタイアメントプランの流れ

リタイアメントプランは，ライフプランの中でも特に退職後の生活に関する計画のことをいいます。狭義では，就労所得のある間の資産形成設計をライフプランニングと呼び，退職後の生活資金設計をリタイアメントプランニングと呼んで分けることがあります。これは，退職前と退職後では，収入や社会保障，生活にかかるお金などの状況が大きく変わるためです。

では，リタイアメントプランの流れの例をみていきましょう。まずは，リタイア後の生活を想い描くことです。これからのライフイベントを書きだして，今後やりたいことがどれくらいあるか，それぞれどのくらいお金がかかるかとかなど考えることが必要です。そして，現状の把握をします。今現在の収支や金融資産残高の確認とともに，個人のバランスシートを作成して資産・負債を確認し，財産全体を把握することが大切です。現状を把握したら，個人のキャッシュフロー表を作成して将来の収支の予測を立てていくという方法があります。キャッシュフロー表については，作成したら終わりということではなく，出来上がったものをみて改善策を考えることが大切です。特に，貯蓄残高がマイナスになる年があったら早急にその改善策を考えることが必要です。

図表Ⅳ部－22　リタイアメントプランの流れ（例）

リタイア後の生活を想い描く

- リタイア後は、どんなことがしたいか？
  なにか、やってみたい夢などあるか・・・。
- リタイア後の暮らしをイメージし、今後のライフイベントとかかる費用を書き出す

現状の把握

- 現在の収入と支出を確認する。
- 現状の預貯金や投資商品（金融資産残高）を確認する。
- 現在の資産・負債についても確認する。

キャッシュフロー表の作成

- リタイア後の収入(年金など)と支出(基礎生活費など)がいくらぐらいになるか予想する。
- これらのデータを基に、キャッシュフロー表を作成してみる。

- リタイア後の楽しいイベントにかかる支出も入れて、夢や希望が実現できるか確認する。
- また、キャッシュフロー表の貯蓄残高がマイナスになってしまった場合は、その対策を考える。

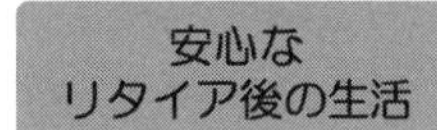

☆作ることが目的ではなく、作成したものを踏まえて今からできる改善をすることが重要。
それが安心のリタイア後の生活へとつながる。

2　現状の把握～年金収入の確認

リタイアメントプランを作成していく中での現状把握のところでは，老後の生活の柱となる年金額の確認が必要になります。公的年金については，ねんきん定期便やねんきんネットを使って自分の年金額を確認しましょう。ねんきん定期便は50歳以上であれば，年金見込額が記載されています（図表Ⅳ部－23)。また，50歳未満の人はねんきんネットで年金額の試算ができます。

また，自分の加入している年金制度，すでに準備している年金を一覧表にして整理するのがよいでしょう。その際，途中引き出しができない老後資金準備を目的としたものだけとすることや，将来については，自分自身のプランで考えてみることが必要です。また，企業年金の部分は企業等への問い合わせ対応も必要になります。年金リストを作って自分の年金を整理し確認することを，老後の所得確保を考える前にするとよいでしょう。まずは自分が将来受け取ることができる年金の全体像を確認して，年金をベースに考えていくとよいでし

図表Ⅳ部－23 50歳以上のねんきん定期便：年金見込額記載面（一部抜粋）

「ねんきんネット」で老後の生活設計について考えてみませんか？

○**「ねんきんネット」の便利な機能**
・年金受給開始を遅らせる場合などの年金見込額の試算
・電子版「ねんきん定期便」の確認
・全期間の年金記録の確認
・通知書の再交付申請　　　　など

○２４時間いつでも、パソコンやスマートフォンで利用できる「ねんきんネット」を**老後の生活設計**にご活用下さい。

○**基礎年金番号**と**「お客様のアクセスキー」**等を入力いただくことで**簡単に登録**できます。ぜひご登録下さい。
※基礎年金番号は、年金手帳などに記載されています。

詳しくはWEBで　ねんきんネット　検索

スマートフォンでのご利用登録は、QRコードで　QRコード

この定期便は、下記時点のデータで作成しています。
納付記録がデータに反映されるまで日数がかかることがあります。

国民年金および一般厚生年金期間	公務員厚生年金期間（国家公務員・地方公務員）	私学共済厚生年金期間（私立学校の教職員）

お問い合わせ先

「ねんきん定期便」「ねんきんネット」に関するお問い合わせは

ナビダイヤル　**0570-058-555**
※050から始まる電話でお掛けになる場合は 03-6700-1144

【受付時間】月曜日　午前８：３０～午後７：００
火～金曜日　午前８：３０～午後５：１５
第２土曜日　午前９：３０～午後４：００

※祝日、１２月２９日～１月３日はご利用いただけません。
※月曜日が祝日の場合、翌開所日は午後７：００まで。

２．これまでの年金加入期間（老齢年金の受け取りには、原則として１２０月以上の受給資格期間が必要です）

国民年金（a）			船員保険（c）	年金加入期間 合計（未納月数を除く）（a＋b＋c）	合算対象期間等（d）	受給資格期間（a＋b＋c＋d）
第１号被保険者（未納月数を除く）	第３号被保険者	国民年金 計（未納月数を除く）				
月	月	月	月			
厚生年金保険（b）						
一般厚生年金	公務員厚生年金	私学共済厚生年金	厚生年金保険 計			
月	月	月	月	月	月	月

３．老齢年金の種類と見込額（年額）（現在の加入条件が60歳まで継続すると仮定して見込額を計算しています）

受給開始年齢	歳～	歳～	歳～	歳～
（１）基礎年金				老齢基礎年金 円
（２）厚生年金	特別支給の老齢厚生年金	特別支給の老齢厚生年金	特別支給の老齢厚生年金	老齢厚生年金
一般厚生年金期間		（報酬比例部分）円 （定額部分）円	（報酬比例部分）円 （定額部分）円	（報酬比例部分）円 （経過的加算部分）円
公務員厚生年金期間	（報酬比例部分）円 （定額部分）円 （経過的職域加算額（共済年金））円	（報酬比例部分）円 （定額部分）円 （経過的職域加算額（共済年金））円	（報酬比例部分）円 （定額部分）円 （経過的職域加算額（共済年金））円	（報酬比例部分）円 （経過的加算部分）円 （経過的職域加算額（共済年金））円
私学共済厚生年金期間	（報酬比例部分）円 （定額部分）円 （経過的職域加算額（共済年金））円	（報酬比例部分）円 （定額部分）円 （経過的職域加算額（共済年金））円	（報酬比例部分）円 （定額部分）円 （経過的職域加算額（共済年金））円	（報酬比例部分）円 （経過的加算部分）円 （経過的職域加算額（共済年金））円
（１）と（２）の合計	円	円	円	円

※年金見込額は今後の加入状況や経済動向などによって変わります。あくまで目安としてください。

「ねんきん定期便」の見方は、　定期便　通知書の見方　検索

お客様のアクセスキー

※アクセスキーの有効期限は、本状到着後、３カ月です。

右のマークは目の不自由な方のための音声コードです。

出所：日本年金機構HPより。

図表Ⅳ部－24 年金リストを作って自分の年金を整理・確認する

【私の年金リスト（イメージ例：Tさん32歳の例（一部抜粋））】

年金の区分	年金の種類	加入時期	加入期間（見込み）	受取方法（年金・一時金）	受取期間（時期）	見込額	備考
個人年金							
	iDeCo	2018年7月					
企業年金							
	確定給付企業年金	○○年4月					
公的年金	厚生年金	○○年4月					
	国民年金	○○年3月					

ょう（図表Ⅳ部－24）。

3 現状の把握～個人バランスシート

ライフプランやリタイアメントプランを作成するとき，家計のお金の流れや貯蓄残高の推移だけでなく，資産と負債のバランスを管理していくことも大切

です。そのためのツールが個人バランスシートになります。個人バランスシートは，その時点の家計における資産と負債の状況を示したものです。表の左側に資産，右側に負債と純資産を記入します。

資産には，預貯金だけでなく，株式等の有価証券を含めた金融資産，自宅等の不動産，自動車等の動産などが含まれます。金融資産で価格変動があるものは時価を確認し記入します。住宅等の不動産については，価値を正確に把握することは難しいので，不動産会社などの価格情報を参考にしてもよいでしょう。

負債については，個人の場合，代表的なものに住宅ローンと自動車ローンがあります。カードローンである程度まとまった金額の場合は，記入した方がよいでしょう。金額は，作成時点の残高を記入します。

純資産残高とは，「資産－負債」で算出されます。負債が多ければ純資産残高は少なくなり，負債が少なければ純資産残高は多くなります。

一般的には，純資産残高が多いほうが家計財政は健全であるといえます。ただし，資産に不動産の割合が高く，預貯金の割合が低いときは，短期的な支払いが急に発生したときに厳しい状況になることも考えられますので注意が必要です。さらには，かくれ負債がないか，債務超過になっていないかなど，個人バランスシートを活用してキャッシュフロー表だけではわからない現在の資産と負債の管理を行うとともに，将来に向けて純資産残高を増加させるようにしていくことが大切です。

図表Ⅳ部－25　個人バランスシート（作成例）

単位：万円

資産		負債	
預貯金	800	住宅ローン	2,500
自宅	2,500	自動車ローン	100
車	200	カードローン	50
		負債合計	2,650
		純資産残高	850
資産合計	3,500	負債・純資産合計	3,500

第3章　老後のお金の話

Ⅱ　老後のお金プランは年金制度体系を知ることから

1　まずは年金制度体系の全体像を把握する

老後の生活プランや老後のお金を考える際，まずは日本の年金制度の全体像を把握しておくことが必要です。公的年金はもちろんですが，私的年金と呼ばれる企業年金や個人年金についてもその位置づけを確認しておきましょう。社会保障制度の１つで社会全体の支え合いから成り立つ公的年金は，老後の生活面では柱であり土台となります。そして公的年金の上乗せとなるのが私的年金です。これは任意の加入ですので，人によって入っている制度が異なるでしょう。

私的年金には，まず，企業が福利厚生の一環として行う企業年金があります。会社が従業員の退職金や老後の上乗せ年金となるよう実施する制度です。したがって，企業によって導入しているかどうかが分かれますし，導入している場合はどういう制度を実施しているのかも異なりますので，自分でも確認する必要があります。

そして，私的年金にはもう１つ，個人が任意で加入する個人年金があります。これには，法律で定められている制度としての個人年金と，民間の保険会社等で販売されている商品としての個人年金保険などがあります。いずれにせよ，個人で自分の老後のために，任意に加入するのが個人年金です。

最近では，老後に向けた自分の年金作りといった視点で，個人年金などの商

図表Ⅳ部－26　老後のお金からみた年金の体系・全体像（主なもの）

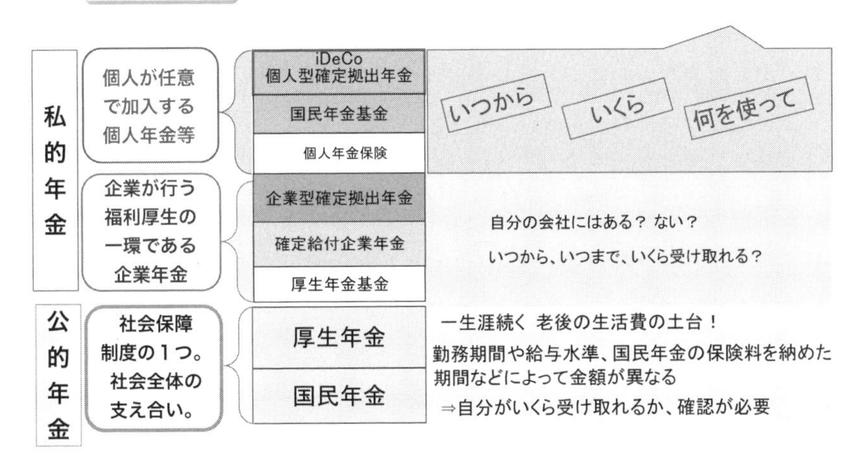

品選択，商品比較を謳(うた)ったものが多いようです。しかし，老後の生活とお金のプランからみたときまずは年金制度の全体の体系を考えることが大切です。社会保障制度の１つである公的年金が土台にありますから，ねんきん定期便やねんきんネットなどで自分がいくら位受け取れるのか確認しておくことが必要です。そして，私的年金は社会保険である公的年金とは全く性質が異なる積立方式となっています。企業年金は実施していない会社もあり，また実施している会社でも制度の種類や設計はさまざまです。自社が企業年金を導入している場合はその内容を確認する必要があります。それから個人で任意に加入する個人年金というような制度体系となっています。自分の場合はどうなっているのか，この年金制度全体の体系をまずはきちんと把握しましょう。そのうえで老後にむけたお金のプランを考えていくようにしましょう。

2　手持ちの資産を分類する

老後のお金のプランを考える際，ポイントとなることがいくつかあります。その中で，まずは自分の今ある手持ちの資産を把握し分類してみることが大切になります。毎日の生活に使うお金である「生活資金」はまず分けます。そのためには，普段どのくらい食費や光熱費，通信費などの基礎生活費に使っているか把握しなければなりません。普段から家計簿を継続的につけていくことは大変です。だいたいの額でも構いませんので，毎月の生活資金は把握して，その分は資産を分けておくようにします。

また，今後数年のうち，近い将来に使うことが決まっている「使途予定資金」も把握して分けておくようにします。教育関係やレジャーなど比較的大きな額で使うことが分かっているものについては，前述のライフイベント表から把握するなどして分けておきます。

そして，その他の資金については，今の生活に必要なお金でもなく，近いうちに使うことが決まっているわけでもない「ゆとり資金」または「予備資金」になります。年代にもよりますが，老後までまだ時間があれば，老後のためのお金の計画はここに入ります。自分の夢ややりたいことを実現させるためにも，老後に向けた資金準備は少額からでも早い時期からスタートさせることがポイントです。できるだけ長い期間をかけて準備していくようにしましょう。一方，老後が近づいている世代については，病気やケガなどの万一の場合の医療費や

図表Ⅳ部－27　手持ちの資産を分類する

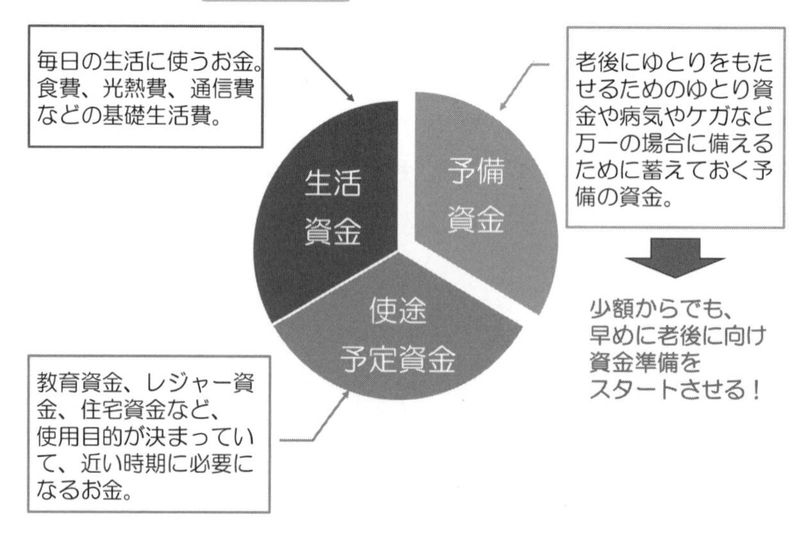

介護費などに備え蓄えておきたい資金もここに入るでしょう。このようにまずは自分の手持ちの資産を分類しておくことが大切になります。

3　老後に向けた資金準備は早めにスタート

老後に向けた資金準備については，早めにスタートさせることがポイントです。これは，資金準備の期間が長い方が毎年あるいは毎月に積み立てる額が少なくてすむからです。極端な例をいえば，1,000万円を３年で準備するのと，30年かけて準備するのでは，１年当たりの積立額が異なります。ある程度の期間をとれるように，計画的に少しずつは早めに準備することがポイントです。

4　自動的に貯まる仕組みを利用する

老後の資金準備を行う際，いつまでにいくら貯めるのか目標を決めて，毎月の貯蓄額を決め，さらに，できれば，先取り貯蓄で自動的に貯まるような仕組みをとることもポイントです。自動振替等の機能を使って，老後資金にあてるお金は，すぐには引き出せない環境に置いておくことです。イメージとしては，一度入れたら時期が来るまで開くことができない別のお財布に貯めておけば，知らないうちに貯まっていくことになり，老後資金として使う目的には合っています。

図表Ⅳ部－28　老後に向けた資金準備は計画的に少しずつ早めに

目標金額1,000万円に向けて、一定期間積み立てる場合の毎年積み立て額（目安）

年数	運用利回り		
	0%	1%	2%
10	100万円	96万円	91万円
20	50万円	45万円	41万円
30	33万円	29万円	25万円
40	25万円	20万円	17万円

第３章　老後のお金の話

Ⅲ　老後資金の備え方

1　老後は人それぞれ

これまでみてきたように，老後の時間をどう過ごすのか，生きがいともいえるようなやりたいことは何か，など，これからは，自分の描く老後を自分で設計していく時代です。老後は人それぞれであり，ますます多様化していくでしょう。したがって老後の生活に必要なお金についても，ゆとりのある生活を考えるのか，節約しながらやりくりしていくのか，さらに，病気や介護にかかるお金はどれくらいなのか，また，老後の期間をどの位で考えるのかによっても金額は異なります。老後の期間については，85歳までにするのか，90歳までにするのかなどです。その場合，95歳，100歳と長生きしたときには，もっとお金が必要になります。

統計調査などもいろいろありますが，どういう調査を使うかによって算出される金額は大きく異なるケースがでてきます。そういった場合，自分の場合とはかけはなれてしまっていたり，ミスリードを起こす可能性があるので注意が必要です。

やはり，大事なのは，「自分自身の場合はどうなるのか」ということです。それを把握するためにはどうするかということについてみていきましょう。

2　自分のスタイルにあった生活費を考えてみる

老後資金を考えるとき，まずは，自分自身のリタイア後の生活費を考えてみることです。そのためには，まず，自分自身のリタイア後の収支を考えてみましょう。項目を支出と収入に分けてみて，支出と収入のバランスがとれていれば良いわけですが，老後は収入が限られますし，支出についてはそれがいつまで続くのかわかりません。ただ，ある程度見込みをつけて，予想される収入でカバーできない支出分が自分の場合はどのくらいなのか，事前に計算をしておくとよいでしょう。

図表Ⅳ部－29の例では，支出については，食費，光熱費，衣服費などの基本生活費と旅行などのイベント費用（ここに「やりたいこと」にかかる費用も入ります），さらには，病気などのリスクに備えた予備費に分けています。一方，収入については，公的年金のほか，企業からの退職金・企業年金，そして自分で準備する個人年金等のその他収入に分けています。まずはリタイア後の生活における収支を把握し整理してみましょう。

図表Ⅳ部－29　リタイア後の生活費等の把握

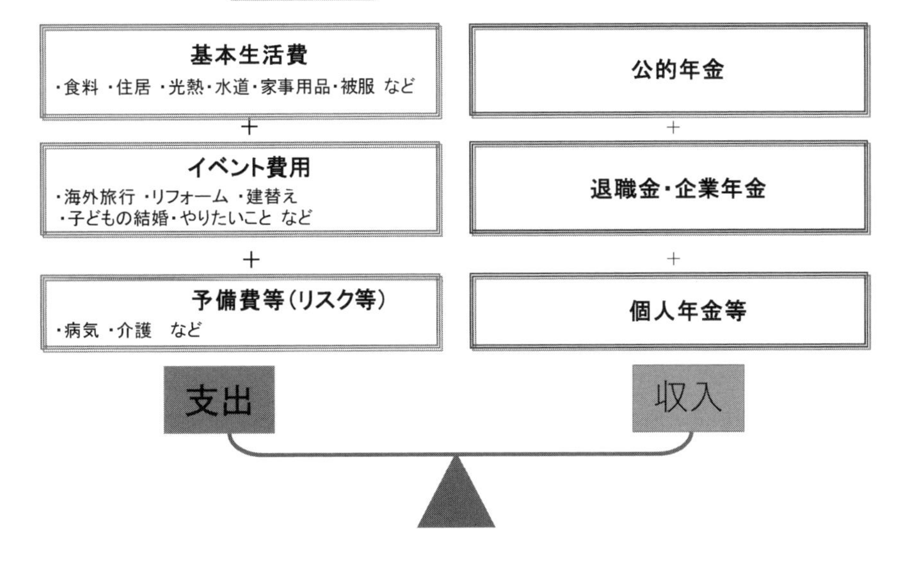

図表Ⅳ部－30　リタイア後の生活費等チェックシート（例）

人（世帯）それぞれによって異なる！

（○歳から○歳までの　○年分の目安）

支出見込額	基本生活費	万円
	イベント費用	万円
	予備費等	万円
支出合計（A）		万円
収入見込額	公的年金（厚生年金・国民年金）	万円
	退職金・企業年金	万円
	個人年金　等	万円
収入合計（B）		万円
支出合計－収入合計（C）		万円

C ＝A －B

そして次に，支出と収入のそれぞれの項目について，自分のケースで図表Ⅳ部－30のようなシートで計算してみると，自分自身のおよその必要額が把握できます。それがこれから準備しておいた方がよい額となります。

このようなものは，さまざまな方法がありますが，１つの例として図表Ⅳ部－30のような計算シートを使って，自分の場合はどうなるか，算出してみるという方法でやってみるのもよいでしょう。

公的年金の額については，ねんきん定期便やねんきんネットを活用して自分の年金見込額を入れるとよいでしょう。会社員の場合は，退職金や企業年金についても会社の制度を確認して将来の受取見込額を入れるようにしましょう。個人年金など老後の定期的な収入になるものにすでに加入している場合はその額も入れてみましょう。支出についてもなるべく自分の金額を入れるようにしてみましょう。今の生活をもとに老後の基本生活費はどの位の割合になるのか（生活水準はおとさないのか，それとも今より少しおとすのか），リタイア後にはどういうイベントや，やりたいことがあるのか，また，予備費としてどの位をとっておくと安心かなど，それぞれの老後の過ごし方や考え方が反映されるものとなるでしょう。

何年分で計算するかについては，平均余命や平均寿命から考えて65歳から20年位としてもよいですが，多めに65歳から90歳までの25年分を目安に設定してみてもよいでしょう。さらに多めに100歳までの35年分としてみるとまた目標額も違ってきます。自分にあった期間で計算してみましょう。老後に貯蓄残高が赤字に陥ってしまうような老後破綻を起こさないためにも長生きリスクを考慮して，思っているよりも少し長めの期間で計算しておいた方がよいでしょう。

自分自身がどういう老後を過ごしたいのか，そのためにはどの位の生活費を想定したらよいかをまず考えて，自分自身の状況に合わせて，おおよその額でかまわないので算出してみるとよいでしょう。

3　老後に向けた対策について

これからの老後に向けた対策の考え方として，１つはもちろん「現状を把握する」こと。２つ目は，「老後の生活をプランニングする」こと。そして老後に向けたお金の対策として考えたときには，まず，「支出を見直す」ことです。そして，「収入を増やす」ということです。

「収入を増やす」ための１つは，できるだけ長く働くことです。もちろん個々人によって健康状態など状況はさまざまですが，働けるうちは働くということと，そのための環境整備も必要になります。そして次に公的年金の活用です。公的年金は終身年金なので，長生きリスクに備え，国の年金を最大限に活かすということは平均寿命が延びていく中，今後必要な視点となるでしょう。そのためには，自分の年金額をねんきん定期便，ねんきんネットで調べたり，試算したりすることはまず必要です。もし厚生年金保険に加入できるのであれば，加入して将来の年金額に厚みをもたせるようにします。繰り下げや任意加入，その他いろいろな方法で公的年金を活用して増やすことを考えるとよいでしょう。

そして，企業年金を活用する視点も必要です。企業型DCにマッチング拠出があっても利用していなかったり，企業型DC制度があっても，選択していないという人もいるでしょう。企業年金が整備されていれば，まずは内容を把握して，自分が活用できていないものはないかを確認することが必要です。

また，個人年金については，さまざまなものがありますが，まずは法に基づく税制優遇措置のある制度について確認し，利用できるものは早めに上手に活用することがポイントになります。老後は長期的な視点が基本なので，「お金を増やす」というよりは放っておいても「お金が増える」仕組みを賢く活用するという考え方がより重要といえます。

これからの時代，自分の老後はライフスタイルも含めて自分でデザインし，選択して，どう過ごしたいか，という理想のあり方に向けて自分で早めに設計する時代になるといえるでしょう。

それはお金のプランニングだけでなく，長い老後期間に何を生きがいとしていくのか，生きがいにつながることを現役時代から早めにしっかりと考えていくことも必要となるでしょう。心，健康，お金の３つのプランのバランスをとることがますます重要になっていくでしょう。

図表Ⅳ部－31　**これからの老後に向けたお金の対策の考え方**

1．現状を把握する
- 現在の状況をお金を含めて確認する

2．老後の生活をプランニングする
- 自分が希望する老後の生活を描いて，おおよその生活費や必要額を把握する

3．老後に向けた対策

支出を見直す
- 現在の家計の状況を把握し見直せるところは見直す

収入を増やす
①できるだけ長く働く。そのための環境も整える
②公的年金の活用⇒終身年金を活かす（ねんきん定期便を確認，ねんきんネットで試算，厚生年金保険加入，繰下げ受給、任意加入　等）
③企業年金の活用⇒制度内容を整理し，活用してないものはないか確認する
④個人年金の活用⇒税制優遇措置等のある老後に向けた有利な制度を早めに活用する

個々人の状況に応じて，できるだけ長く働くことを視野に入れながら，自分の老後は、自分で選択・設計する時代へ

Ⅳ　資産運用の考え方①　リスク・リターンと分散投資

老後に向けた資金準備を行っていく際，どのような金融商品で運用するのか選択しなければなりません。自分にあった金融商品の選択をするために，金融商品の特性を理解することがポイントです。金融商品の特性は，主に①安全性，②換金性，③収益性に分けることができます。

普通預金や定期預金などの預貯金はいつ現金化しても元本割れすることはないので，安全性の高い商品といえます。自分が預けた元本が確保されるのかどうかを理解しておきましょう。また，金融商品によっては一定期間現金化できないものや，現金化に手数料を伴う商品があります。いつでも現金化できる換金性が高いのは普通預金や定期預金などの預貯金です。換金性のポイントとしては，現金化した資産の引き出しやすさもあげられます。手続きからどのくらいの期間でどこから引き出せるのかは，取扱いの金融機関によっても異なります。

最後は，収益性です。老後資金のために長期間にわたって資産運用ができる場合は，ある程度収益性を考慮してもよいでしょう。元本に対してどのくらいのリターンがあるのかはさまざまです。しかし，資産運用の世界ではリターンの高い商品ほど高いリスクを伴うことが避けられません。より高いリターンを望むならある程度のリスクがあることを理解しておかなければなりません。

最近は，いろいろな金融機関で投資信託が購入できるようになったので，投資信託に投資をする人が増えてきました。投資信託は，投資家から集めた資金を運用会社が投資家に代わって株式や債券などに投資していきます。債券よりも株式を投資対象とする投資信託の方がより高いリターン（その分リスクも高くなりますが）を期待することができます。

また，預貯金でも外貨を利用する外貨預金があります。外貨預金は円建ての定期預金よりほとんどが高い金利の定期預金です。ただし，外貨預金は為替変動の影響があり，為替手数料が必要な金融商品になります。

では，ここからは，老後資金を準備する際，ある程度収益性を求める場合に必要となる資産運用の基礎知識についてみていきましょう

1 投資と投機の違い

「投資」によく似た言葉で「投機」というものがあります。「投機」とは，短期的な値上がりを狙って頻繁に売買を繰り返す取引です。これに対して「投資」とは，長期的に資産運用を行うことで，時間をかけて運用商品の値上がり益や配当などを望む取引です。老後資金は，将来に備える資金なので，時間をかけて運用を行う「投資」によって準備します。

2 リスクとリターン

資産運用の結果得られる収益のことをリターンといいます。投資した元本からの差額が収益ですが，プラスのリターンだけでなくマイナスのリターンもあります。

次にリスクについては，一般的に使われる「損」や「危険」という意味ではありません。資産運用の結果であるリターンの「ブレ幅（変動幅）」を表すものです。運用商品によっては，このブレ幅の大きいものと小さいものがあります。またリスクはどんな金融商品にも存在するのです。代表的なリスクには，金利変動リスク，価格変動リスクの他，発行する会社が倒産して，投資金額や利息を受け取ることができなくなる信用リスクなどがあります。

図表Ⅳ部－32　主な金融資産の特徴とリスク

金融資産	特徴	主なリスク
預　貯　金	預けた元本は金利が付いたうえで，将来返還される。金利水準は，景気や物価水準に応じて決定される	金利変動リスク，信用リスク
債　　券	国や企業が資金調達のために投資家から資金を借りるために発行する有価証券。定期的に利息を受取り，償還日がくると額面金額が償還される	金利変動リスク，信用リスク，価格変動リスク
株　　式	資金調達するために企業が発行する有価証券。債券と違って，株主には企業の業績に応じた配当金が支払われ，償還日もない。株価は企業業績により決定するため，価格変動幅も大きい	価格変動リスク，信用リスク

※投資対象先が外国の場合は，それぞれ為替変動リスクがある

3　資産分散・時間分散・長期投資

リスクを完全になくすことはできませんが，長期間，上手くつきあってリスクをコントロールすることが大切です。リスクを軽減する方法としては分散投資が効果的です。図表Ⅳ部－33のようなカゴに入れた卵の絵でよく例えられますが，複数の金融資産で資産運用すれば，値下がりする資産があってもほかの資産の値上がりでカバーできる可能性があります。つまり，値動きが異なる複数の資産（預貯金，債券，株式，など）または運用商品で資産運用すれば，「もしも」の場合に備えることができるというわけです。さらにそれぞれの資産を国内外に分散することでより高い分散投資の効果が期待されます（資産分散）。

また，将来の予測が難しい値動きある商品については，定期的に購入するなど，タイミングを分けて購入することで，一時的に高値で買ってしまうといったリスクを軽減することができます。これは時間分散の効果とよばれます。具体的には，積立投資は，あらかじめ決まった金額を定期的に継続的に投資することで，投資のタイミングをとらえる必要がなくなり，長期間の平均投資コストも下げることができます（積立投資）。

図表Ⅳ部－33　分散投資でリスクを軽減

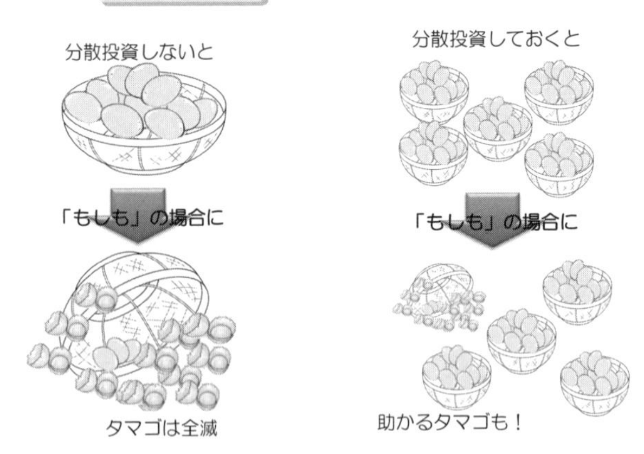

さらに，老後に向けての資産形成は基本的に短期でなく，長期的視野に立つことが必要になります。時間をかければ少額で達成でき，運用益が非課税であれば複利運用の効果や税の優遇メリットが大きくなります。さらにリターンも平準化されていくといったことも考えられます。

図表Ⅳ部－34　リスク許容度に合わせた資産配分例（イメージ）

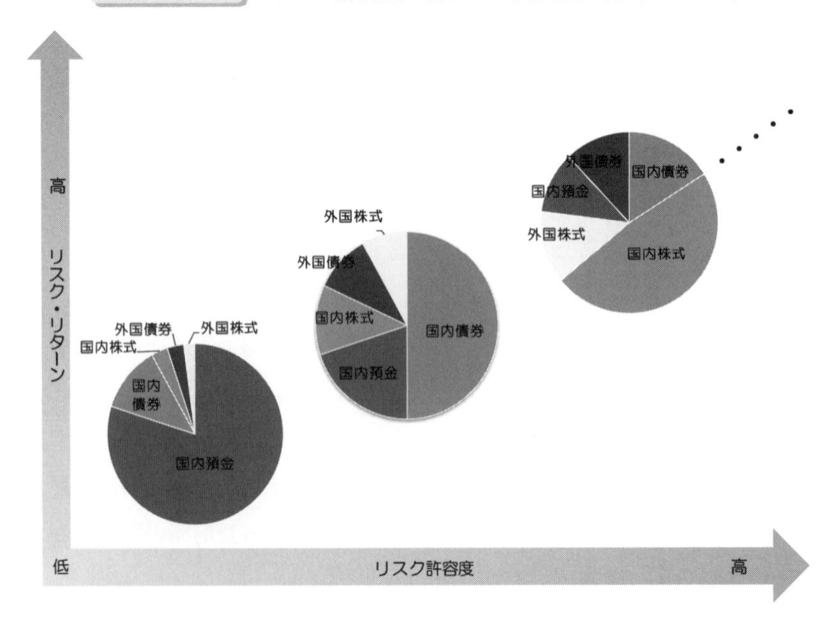

V 資産運用の考え方② リスク許容度と資産配分

1 リスク許容度とは

分散投資を行うにあたってはじめに自分はどのくらいのリスクを受け入れることができるのか理解しておくことが非常に重要です。どの程度のリスクを受け入れることができるのかを客観的に測定したものを「リスク許容度」といいます。リスク許容度はいくつかの質問に答えていき，その結果からどの程度のリスクが受け入れられるのか，点数やレベルなどで判定されるものが一般的です。リスク許容度を測るツールも開発されWebサイトなどでみることもできます。

図表Ⅳ部－35　リスク許容度に影響するおもな要因

少しずつ増やす ローリスク・ローリターン
小　リスク許容度　大
短い　運用期間　長い
少ない　資産残高　多い
少ない　年収　多い
ない　投資経験　ある
慎重　投資に対する考え方　積極的
大きく増やす ハイリスク・ハイリターン

リスク許容度は人によりさまざまですが，一般的に年齢が若いと運用期間が長く取れるのでリスク許容度が高くなりますが，反面，金融知識や投資経験が少ないとリスク許容度は低くなります。反対に，年齢が高いと運用期間が短くなるのでリスク許容度が低くなりますが，資産や収入が高い場合や投資経験が豊富だとリスク許容度が高くなります。また，投資に対する考え方も１つの大きな要素となるでしょう。

2 分散投資と資産配分

リスクを抑える方法としては，分散投資の他，時間をかけて運用する長期投資，同じ金融商品を定期的に一定額ずつ購入する積立投資があります。その中で，分散投資の基本的な考え方は，個別銘柄の選択ではなく，国内債券や海外株式といった「大きな選択」を分散することが重要だとされています。この大きな選択のことを投資の世界では「資産配分」と呼んでいます。資産配分の対象となる資産には預貯金や債券，株式など，それぞれの資産でリターンの仕組

図表Ⅳ部－36 資産ごとのリスク（イメージ）

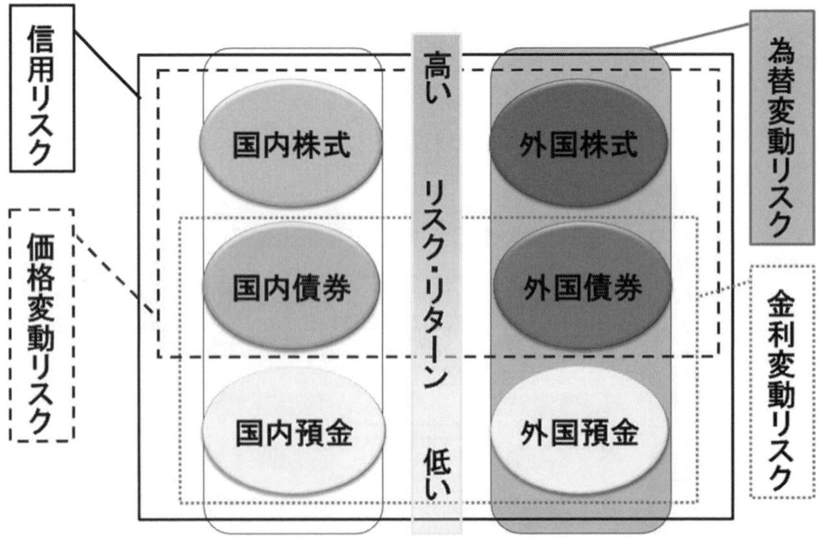

みが異なるため，値動きのタイミングも異なります。また一般的にこの順でリスク・リターンが高くなっていきます。分散投資をするときは，まず資産配分が自分にあった割合でしっかりと出来ているかを確認するようにしましょう（図表Ⅳ部－34参照）。

第3章　老後のお金の話

Ⅵ　資産運用の考え方③　投資信託について

1　投資信託とは

資産運用を行う際，リスクを軽減させる方法に分散投資がありますが，個人の資産で分散投資を行うには額も大きくなり限界があります。投資信託は，投資家から集めた資金を使って投資のプロ（ファンドマネジャー）が判断し，株式や債券などの複数の資産や銘柄に投資する商品です。一人ひとりの資金は少額からでもよいので，限られた資産で効果的に分散投資ができます。なお，投資信託は元本保証型の商品ではなく，購入時や保有時に手数料もかかりますので注意が必要です。

図表Ⅳ部－37　投資信託とは

多くの人から資金を集め、その資金を使って専門家が株や債券などに投資して、その成果をお金を出してくれた人たちに還元する金融商品

2 投資信託の主な分類

投資信託は世の中にたくさんあります。自分にあったものを選択するためには運用スタイルの違いを理解することが必要です。

投資信託の分類の中で，運用対象に株式を含むことができるものを株式投資信託，株式には一切投資できないものを公社債投資信託といいます。また，どこで（国内なのか海外なのか）運用するのかによっても分けられます。その他，複数の資産へ分散投資をあらかじめ行っているバランス型投資信託もあります。なお，主な運用対象を不動産とするJ-REITも投資信託の1つです。

一方，運用手法によっては，パッシブ型とアクティブ型に分けられます。パッシブ型はベンチマークと連動して運用することを目標とし，アクティブ型はベンチマークを上回る運用を目標とします。ただし，上回ることを保証しているものではなく，リスクも手数料も高めになります。

図表Ⅳ部－38　投資信託の種類～投資先となる基本の4資産

	国内市場で運用	海外市場で運用
株式中心	【国内株式】 ○○日本株式インデックスファンド ○○日本株・アクティブ・オープン ○○日本成長株・ファンド ○○バリュー株ファンド など	【外国株式】 ○○外国株式 インデックスファンド など
債券中心	【国内債券】 ○○国内債券 インデックスファンド など	【外国債券】 ○○外国債券 インデックスファンド など

※商品名の例はあくまで参考。

図表Ⅳ部－39　投資信託の種類～運用スタイルによる分類

○パッシブ(インデックス)型

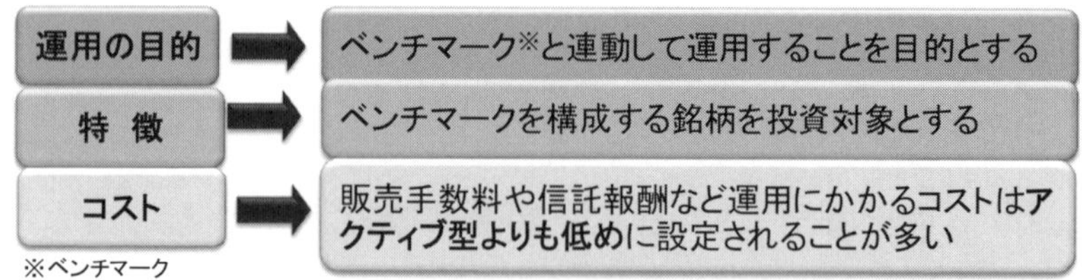

※ベンチマーク
　投資信託の運用成果を計る基準となる指標(**インデックス**)。主なベンチマークとして、東証株価指数(TOPIX)、日経平均株価(225種)などがある。

○アクティブ型

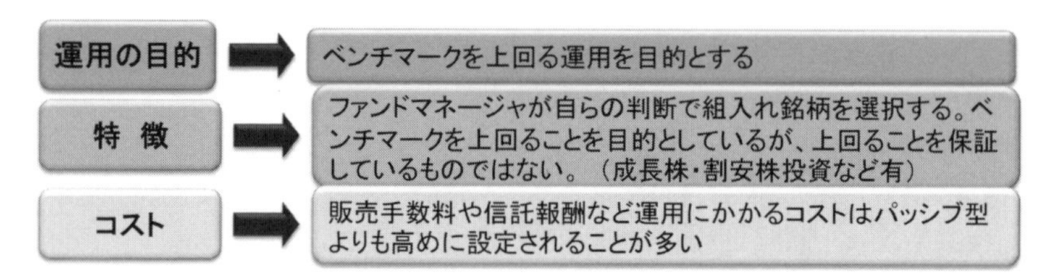

図表Ⅳ部－40　投資信託の手数料

●信託報酬
　投資信託の運用・管理にかかる費用で，投資信託財産の中から毎日徴収される

●販売手数料
　投資信託の購入時に販売会社に支払う手数料。同一の投資信託でも販売会社により金額が異なる

●信託財産留保額
　投資信託の換金時に差し引かれるが，必要ない投資信託もある

Ⅶ 資産運用の考え方④ iDeCoについて

1 iDeCoとは

iDeCoは私的年金制度の１つである個人型確定拠出年金（第Ⅱ部４章参照）の愛称です。加入は任意ですが，iDeCoに加入することで，公的年金の上乗せとして老後に給付を受けることができます。平成29（2017）年１月から加入対象範囲が拡大され，基本的にすべての方が加入できるようになりました（ただし，企業型DC加入者については，マッチング拠出をしていない場合で，規約

図表Ⅳ部－41　iDeCoの３つのポイント～老後に向けた個人の備えの制度

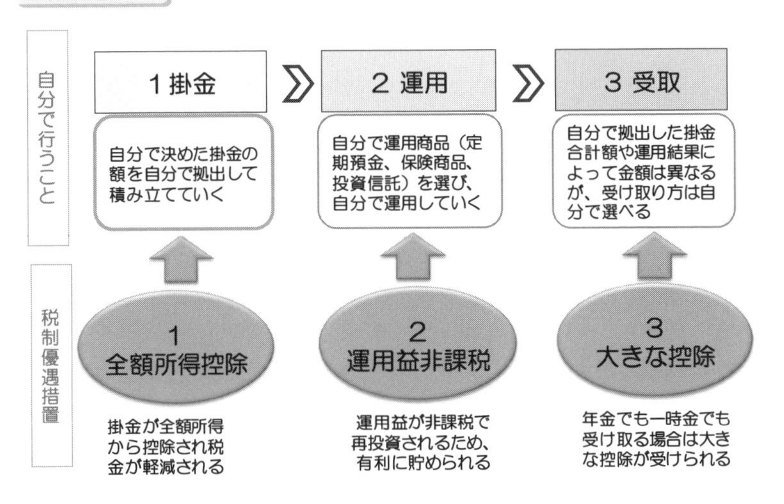

でiDeCoに加入できる旨の定めがある場合に限り，iDeCoへの加入が認められます）。

iDeCoは，加入者が拠出し，加入者自ら運営管理機関を選び，その運営管理機関がとり扱う商品のラインナップの中から運用商品を選択して管理運用します。掛金とその運用益との合計額をもとに将来の給付額が決定されるものです。運用商品は企業型DCと同様，定期預金や保険といった元本確保型商品と投資信託などになります。

特徴はその大きな税制優遇措置です。掛金拠出時は掛金全額が所得控除され，運用時は運用益が非課税であり，受取時には公的年金と同等の控除が適用されます。また，ポータビリティが充実しているので，転職や退職時にも自分の資産を持ち運び，加入しながら制度を継続していくことができます。60歳までは引き出しできないことは老後資金準備を目的としているため，かえってメリットであるといえます。老後へ向けて長期に運用していくことで，運用益非課税効果も大きくなり，掛金全額所得控除といった税軽減効果も大きくなります。さらに運用面では，定期的に積立てていくので時間分散の効果もあります。老後資金の準備には適しているといえるでしょう。

ただし，iDeCoでは，加入時や継続的に発生する手数料は自分で負担しなければなりません。加入の際，運営管理機関を選択するうえで，１つの参考となるでしょう。運営管理機関を選択する際は，手数料以外にもサービス内容を確認することも重要です。ホームページの内容やコールセンターのサポート体制，窓口対応の有無などです。もちろん自分が運用したい商品がラインナップの中にあるかどうか，投資信託の信託報酬はどの位かなどを比較検討することも重要です。

老後資金の備えであるiDeCoは60歳までは引き出すことはできませんが，かえって老後資金として別に確保しておくことができます。また積立てなので時間分散の効果を活かすことができ，さらに長期にわたり，税優遇のメリットもうけることができます。老後への資産形成を支援する制度として明確に位置づけられた制度といえます。

第4章　老後に向けたマネープラン

I　60歳以降のプランニングについて

1　60歳以降の具体的なプランニングの手順

「定年後」を考えるとどうしても長い老後を過ごすために必要な「お金」が最初に頭に浮かびます。老後の生活を考える際に最初に考えなければいけないのは，実は「お金」ではなく，「どう生きたいか」，「どうありたいのか」ということです。具体的には「どこで」「誰と」「どんな暮らしをしたいのか」ということを考えます。

例えば，現在会社員で将来「趣味のお店」を開きたいと思っている人がいたとします。「趣味のお店を開きたい」ということがその人の「どう生きたいか（ライフデザイン）」です。そしてそれを実現するために「会社員として何歳まで働くのか」「どこでお店を開くのか」「家族は賛成してくれるのか」等々考えていくことが「ライフプラン」です。次に「お店を開くための資金はどうするのか」「軌道に乗るまでの生活費はどうするのか」等，裏付けとなる資金計画が「マネープラン」となります。自分の描いたライフデザインを実現するためには早めの準備（ライフプラン・マネープランの作成）が必要です。

1．平均寿命と健康寿命

最近は超高齢社会を迎え「長生きに対するリスク」に関心が集まっています。確かに日本人の人生は長くなっています。厚生労働省「平成30年簡易生命表の概況」によると日本人の平均寿命（0歳のときからあと何年生きられるか）は男性「81.25歳（年）」女性「87.32歳（年）」となっています。

平均寿命ではなく，健康寿命という言葉があります。健康寿命とは厚生労働省によると「健康上の問題で日常生活が制限されることなく生活できる期間」とされています。つまり誰の手を借りることもなく自立した生活ができる期間のことです。では健康寿命とは何歳くらいなのでしょうか？　厚生労働省の2018年の資料によると2016年の時点で男性で72.14歳，女性で74.79歳です。平均寿命との差は男性で約9年，女性で約12年となります。すべての人が将来介護を受けるとは限りませんが，これからのキーワードは「健康」であることは確かです。

2．公的年金制度

老後の生活を支える中心は「公的年金」ですので，公的年金の知識を得ることも必要です。

2 収入と支出の把握

実際には「どこに住み」「どんな生活をするか」，自分の「ライフプラン」によって変わってきます。特に「どこに住むか」が重要になってきます。例えば東京で暮らすのと沖縄で暮らすのとでは必要生活費は大きく異なります。また，日本で暮らすのと海外に移住をして暮らすのでも，必要生活費は全く変わってきます。さらに住居が「持家」なのか「賃貸」なのかでも違ってきます。

厚生年金の受給開始は生年月日によって違っていますが．男性で昭和36年4月2日以降に生まれた方（女性の場合には昭和41年4月2日以降に生まれた方）は国民年金も厚生年金もどちらも65歳から受け取ることになります。60歳で定年を迎え，65歳で年金の受け取りが始まるまではどうやって暮らすかが問題となります。

収入を得るために再雇用で働き現在の会社に残る，別の会社で新たに雇用される，起業する，貯蓄で繋いでおく等，といろいろなことが考えられますが，自分で描いたライフデザインによって，収入を得る方法は異なってきますし，必要額も変わってきます。

生活の必要額を把握するためには，年金額を把握しておくことも必要となります。年金額を把握するためには，「年金事務所にて試算をしてもらう」「ねんきん定期便にて見込額を確認する」「ねんきんネットを利用して見込額を確認する」等の方法があります。

また，自分のセカンドライフを考え出すと，どうしても自分のことだけを考えがちですが，忘れてはならないのが親のことです。セカンドライフを考えるころは，親の介護が必要な時期と重なります。自分らしい生き方をしたいと思っていても，自分や配偶者の親の介護のために，かなわない事もあるかもしれません。また，親と同居するのか，施設に入所してもらうのか等，住まいの問題も出てきます。

セカンドライフのプランを考えるときには，親の今後についても必ず同時に考えていくことが必要です。

第４章 老後に向けたマネープラン

Ⅱ 60歳以降のCF表と見直しのポイント

1 60歳以降のCF表作成例

〈事例〉 Ａさんの場合

Ａさんがライフプラン表を作成しました（図表Ⅳ部－44）。基本データは次のとおりです。

（2019年１月１日現在）

図表Ⅳ部－42 50代用のデータ

	続柄	生年月日	職業
Ａさん	本人	1964年１月１日（55歳）	会社員
Ｂさん	妻	1968年１月１日（51歳）	専業主婦
Ｃさん	長女	1997年１月１日（22歳）	大学４年生
Ｄさん	長男	2001年１月１日出生予定	高校３年生

図表Ⅳ部－43 収入・支出の設定

収入（Ａさん）	600万円（給与＋賞与）	収入（Ｂさん）	96万円（パート）
基本生活費	326万円	教育費	140万円
住居費	120万円	生損保保険料	30万円
その他支出	50万円	一時支出	
貯蓄残高	1,500万円		

収入は給与・賞与，企業年金，公的年金です。

支出：基本生活費（食費・通信費・水道光熱費・医療費・被服費・自動車関係費等）

住居費（家賃・住宅ローン・管理費・固定資産税等）

保険料（生命保険料・損害保険料等）

その他支出（交際費・趣味・娯楽費等）

一時支出（車の買換等１回当たりの支出額が比較的おおきいもの）

図表Ⅳ部－44　キャッシュフロー表①

	年	2019	2020	2021	2022	2023	2024	2025	2026	2027	2028	2029	2030	2031	2032	2033	2034	2035	2036	2037	2038	2039	2040	2041	2042	2043	2044
① 家族構成	本人	55	56	57	58	59	60	61	62	63	64	65	66	67	68	69	70	71	72	73	74	75	76	77	78	79	80
	妻	51	52	53	54	55	56	57	58	59	60	61	62	63	64	65	66	67	68	69	70	71	72	73	74	75	76
	長女	22	23	24	25	26	27	28	29	30	31	32	33	34	35	36	37	38	39	40	41	42	43	44	45	46	47
	長男	18	19	20	21	22	23	24	25	26	27	28	29	30	31	32	33	34	35	36	37	38	39	40	41	42	43
② ライフイベント	ライフイベント名	ジョギングを始める	長女就職 長男大学入学	ハーフマラソン完走	長男短期留学		定年退職 長男就職	東京マラソン完走		長女結婚				海外旅行				自宅リフォーム	長男結婚								
	ライフイベント合計金額				70					50				100				100	50								
Ⅰ収入 ③ 給与・賞与	本人	600	600	600	600	600																					
	配偶者	96	96	96	96	96																					
④ 退職一時金	本人																										
	配偶者																										
⑤ 企業年金	本人（確定給付）						100	100	100	100	100	100	100	100	100	100	100	100	100	100	100						
	本人（確定拠出）						20	20	20	20	20																
	配偶者																										
⑥ 公的年金	本人（国民年金金）											78	78	78	78	78	78	78	78	78	78	78	78	78	78	78	78
	本人（厚生年金）											159	159	159	159	120	120	120	120	120	120	120	120	120	120	120	120
	配偶者（国民年金金）															78	78	78	78	78	78	78	78	78	78	78	78
	配偶者（厚生年金）															5	5	5	5	5	5	5	5	5	5	5	5
⑦	雇用保険						100																				
⑧	個人年金						30	30	30	30	30																
⑨	その他収入																										
⑩	一時収入																										
⑪	収入合計	696	696	696	696	696	250	150	150	150	150	337	337	337	337	381	381	381	381	381	381	281	281	281	281	281	281
Ⅱ支出 ⑫	基礎生活費	326	313	313	313	313	285	285	285	285	285	266	266	266	266	266	266	266	266	266	266	266	266	266	266	266	266
⑬	教育費	140	150	125	125	125																					
⑭	住居費（家賃・ローン等）	120	120	120	120	120	10	10	10	10	10	10	10	10	10	10	10	10	10	10	10	10	10	10	10	10	10
⑮	生命保険料・損害保険料	30	30	30	30	30	10	10	10	10	10	10	10	10	10	10	10	10	10	10	10	10	10	10	10	10	10
⑯	その他支出	50	50	50	50	50	50	50	50	50	50	30	30	30	30	30	30	30	30	30	30	30	30	30	30	30	30
⑰	一時支出	0	0	0	70	0	0	0	0	50	0	0	0	100	0	0	0	100	50	0	0	0	0	0	0	0	0
⑱	支出合計	666	663	638	708	638	355	355	355	405	355	316	316	416	316	316	316	416	366	316	316	316	316	316	316	316	316
⑲	年間収支（Ⅰ－Ⅱ）	30	33	58	−12	58	−105	−205	−205	−255	−205	21	21	−79	21	65	65	−35	15	65	65	−35	−35	−35	−35	−35	−35
⑳	貯蓄残高	1,500	1,533	1,591	1,579	1,637	1,532	1,327	1,122	867	662	683	704	625	646	711	776	741	756	821	886	851	816	781	746	711	676

60歳以降のライフプランを作成する場合，まず「働きかた」をどうするかが重要になります。定年で会社を辞めそれ以降は退職金と貯蓄を崩して生活をしていくとしたら，60歳までにある程度の貯蓄を準備しておくことが必要です。

また定年後の働きかたはいろいろあり，収入を得る方法は様々です。自分の強みを活かせる方法を現役のときから考えておくと良いかもしれません。

1．セカンドライフの必要額

セカンドライフの必要額を考えてみましょう。平均寿命のデータ等から考えて，夫が先に亡くなるケースを考えてみます。60 歳以降の夫婦の年間生活費のトータル額は次のように考えることができます（①＋②）。

①　夫婦の生活費：1カ月の生活費×12カ月×夫60歳時の平均余命

②　夫死亡後の妻の生活費：1カ月の生活費×0.7×12カ月×夫死亡時の妻の平均余命

例えば1カ月の生活費が24万円，夫死亡後11年，として計算する場合には次のようになります。

①24万円×12カ月×23年＋②16.8万円(24万円×0.7)×12カ月×11年＝8,841.6万円

これはあくまで一例です。収入は全く考慮してません。老後生活の柱である公的年金の受給額は人それぞれです。またその他に企業年金の収入，個人年金の収入，さらには不動産収入など収入も人それぞれです。

定年まで大企業で働く人ばかりではありません。自営業の人もいますし，厚生年金加入期間の短い人もいます。

2．病気等への備え

年を重ねるとどうしても病院にかかることが増えてきます。健康保険には高額療養費制度がありますので，入院時にかかった費用をすべて負担する必要はありませんが，高額療養費の対象になるのは医療保険が適用になるものだけです。その他保険外の自己負担分として入院時食事代，差額ベッド代等を始め，

さまざまな費用がかかります。この保険診療外の部分の準備として民間の医療保険が考えられます。医療保険で備えるのか，預貯金で備えるのかはそれぞれの考えだと思いますが，なんらかの準備は必要となります。

3．生命保険の見直し

セカンドライフについて考え始めるころには，生命保険の見直し（万一のときの保障・医療保障）についても考える時期になります。50 歳を過ぎると，一般的には教育費も以前よりかからなくなり，子どもが独立するなどして万が一の場合の遺族の生活費も若いときほど必要なくなってきます。実際に必要な資金を考えてみて，保障額が多ければ保障額を減らします。保障額を減らすことによって支払っている保険料も減ります。その分の保険料を定年後の準備にまわしていきましょう。万一の保障の見直しや医療保険の見直しをを検討する場合には公的年金からの保障や健康保険からの給付，そして会社の福利厚生制度についても確認しておきましょう。

2 60歳以降のCF表の見直しポイントと改善例

Ａさんの作成したライフプラン表を確認すると，趣味はマラソンのようです。マラソンは健康にも良いし，これからは「健康」がセカンドライフのキーワードですので，とても良いことだと思います。が，家族と一緒に楽しむイベント計画が，2031年の海外旅行しかありません。ライフプランには「家族と楽しむ」という計画も必要です。そこでCF表見直し後（図表Ⅳ部－45）では，「家族旅行」を数回計画してみました。また，ＡさんＢさんの母親が健在ですので，母親の長寿のお祝いもイベントとして入れてみました。

Ａさんの作成したライフプラン表（図表Ⅳ部－44）をみてみましょう。60歳の定年で会社を辞め，その後は働く予定はないようです。60歳の時点で約1,500万円の貯蓄があります。また退職金は一時金ではなく，年金として受け取ろうと考えています。確定給付型の企業年金（以降DB年金という）は年に100万円ずつ15年間にわたって，確定拠出年金（以降DC年金という）は20万円ずつ5年間にわたって受け取る予定です。DC年金は公的年金の受給が始まるまでの繋ぎ年金のような受け取り方です。定年で会社を辞めると収入はかなり減りますので，このDC年金の受け取り方は，公的年金が始まるまでの継なぎ年金のような考え方です。また，この5年間は個人年金の受け取りもありますが，5年間の収支はマイナスとなっています。

65歳以降公的年金の受給が始まっても収支がプラスになる年はわずかで，Aさん75歳以降は35万円ずつ毎年収支がマイナスとなっていきます。Aさんが80歳の時点での貯蓄残高は676万円です。この間に病気になったり，介護状態になったりしなければ何とか貯蓄を崩しながら生活をしていけるかと思いますが，何も緊急状況が生じないことが前提となっています。貯蓄額の不足を感じます。

生命保険と損害保険の保険料が60歳定年を境に，3分の1になっています。万一に備えた保険を見直すのでしたら，もう少し早い段階でも良いかと思います。損害保険と生命保険を合わせて年間支払保険料が10万というのは，やや少ない気がします。保険の見直しの際には「保険料を下げる」が目的ではなく，「不必要なものを見直す」ことが目的です。家族に万が一のことがあった場合，家族が入院した場合，災害や火事に巻き込まれた場合等を想定して，加入中の生命保険および損害保険について把握しておきましょう。加入先の保険会社に内容を確認し，不要な部分は解除し，必要な部分は加えましょう。保険はわかりにくいので，一覧表にしておくと良いでしょう。

定年でリタイアした場合に健康保険の被扶養者がいる場合，家族の健康保険はどうするか考えましょう。任意継続でしたら，2年間は被扶養者とすることができますが，国民健康保険では扶養という概念がありませんので，それぞれの保険料を支払うことになります。また75 歳を超えるとすべての人が「後期高齢者医療保険制度」に加入し，それぞれが保険料を支払うことになります。健康保険料と介護保険料は一生支払っていくものであるということを忘れないようにしましょう。

また健康保険制度，介護保険制度について理解を深めておきましょう。

高齢になった際に現状の家に住むのか，或は子どもと一緒に暮らすのか，老人ホーム等で暮らすのか移り住む場合現在の家をどうするのか（家を売る／家を買い替える／家を貸す）を考えておきましょう。

家計の見直しは「収入を増やすか」「支出を減らすか」のどちらかです。Aさんはマラソンを趣味としているほど健康な方ですので，65歳まで再雇用で働くことにしてライフプラン表を見直しました（図表Ⅳ部－45）。Aさんは定年後65歳になるまで再雇用で働き，妻Bさんも60歳になるまでパートを続けることにしました。収入を増やすことによってAさんが80歳時の貯蓄残高は1,850万円になりました。さらに，雇用保険からは高年齢雇用継続給付金も受給できます。

収入が増えることにより，マラソンだけでなく，家族とのイベント等も増やすことができました。また，何か緊急事態が生じても対処できるようになりました。健康なうちは働くことによって収入を増やし，大きく家計の見直しをしていきましょう。

ここでは退職金である企業年金を年金で受け取ることにしましたが，実際には一時金で受け取ることも可能です。一時金で受け取った場合には退職所得控除を利用できるので，税金が少なくてすみます。退職所得控除を利用するためには「退職所得の受給に関する申告書」を提出します。

退職所得＝(退職金－退職所得控除額)×1/2

　退職所得控除額：

〈勤続20年以下〉40万円×勤続年数〔最低80万円〕

〈勤続20年以上〉70万円×(勤続年数－20年)＋800万円

年金で受け取った場合には雑所得扱いとない，「公的年金等控除」の対象となります。税金についても確認をしておきましょう。

図表Ⅳ部－45　55歳－60歳CF表見直し後

	年	2019	2020	2021	2022	2023	2024	2025	2026	2027	2028	2029	2030	2031
① 家族構成	本人	55	56	57	58	59	60	61	62	63	64	65	66	67
	妻	51	52	53	54	55	56	57	58	59	60	61	62	63
	長女	22	23	24	25	26	27	28	29	30	31	32	33	34
	長男	18	19	20	21	22	23	24	25	26	27	28	29	30
	本人の母	80	81	82	83	84	85	86	87	88	89	90	91	92
	妻の母	73	74	75	76	77	78	79	80	81	82	83	84	85
② ライフイベント	ライフイベント名	母傘寿の祝い	長女就職 長男大学入学	ハーフマラソン完走	長男短期留学	母喜寿の祝い	定年退職 海外旅行 長男就職	東京マラソン完走	母傘寿のお祝い	長女結婚 母米寿の祝い	自宅リフォーム	家族旅行		海外旅行
	ライフイベント合計金額	20			70		100		20	70	200	50		100
③ Ⅰ収入 給与・賞与	本人	600	600	600	600	600	200	200	200	200	200			
	配偶者	96	96	96	96	96	96	96	96	96				
④ 退職一時金	本人													
	配偶者													
⑤ 企業年金	本人(確定給付)						100	100	100	100	100	100	100	100
	本人(確定拠出)						20	20	20	20	20			
	配偶者													
⑥ 公的年金	本人(国民年金金)											78	78	78
	本人(厚生年金)											159	159	159
	配偶者(国民年金金)													
	配偶者(厚生年金)													
⑦	雇用保険						36	36	36	36	36	100		
⑧	個人年金						30	30	30	30	30			
⑨	その他収入													
⑩	一時収入													
⑪	収入合計	696	696	696	696	696	482	482	482	482	386	437	337	337
⑫ Ⅱ支出	基礎生活費	326	313	313	313	313	285	285	285	285	285	266	266	266
⑬	教育費	140	150	125	125	125								
⑭	住居費(家賃・ローン等)	120	120	120	120	120	10	10	10	10	10	10	10	10
⑮	生命保険料・損害保険料	30	30	30	30	30	10	10	10	10	10	10	10	10
⑯	その他支出	50	50	50	50	50	50	50	50	50	50	30	30	30
⑰	一時支出	20	0	0	70	0	100	0	20	70	200	50	0	100
⑱	支出合計	686	663	638	708	638	455	355	375	425	555	366	316	416
⑲	年間収支(Ⅰ－Ⅱ)	10	33	58	－12	58	27	127	107	57	－169	71	21	－79
⑳	貯蓄残高	1,500	1,533	1,591	1,579	1,637	1,664	1,791	1,898	1,955	1,786	1,857	1,878	1,799

	年	2032	2033	2034	2035	2036	2037	2038	2039	2040	2041	2042	2043	2044
① 家族構成	本人	68	69	70	71	72	73	74	75	76	77	78	79	80
	妻	64	65	66	67	68	69	70	71	72	73	74	75	76
	長女	35	36	37	38	39	40	41	42	43	44	45	46	47
	長男	31	32	33	34	35	36	37	38	39	40	41	42	43
	本人の母	93	94	95	96	97	98	99	100	101	102	103	104	105
	妻の母	86	87	88	89	90	91	92	93	94	95	96	97	98
② ライフイベント	ライフイベント名			母米寿の祝い	自宅リフォーム	長男結婚								
	ライフイベント合計金額				100	50								
③ Ⅰ収入 給与・賞与	本人													
	配偶者													
④ 退職一時金	本人													
	配偶者													
⑤ 企業年金	本人(確定給付)	100	100	100	100	100	100	100						
	本人(確定拠出)													
	配偶者													
⑥ 公的年金	本人(国民年金金)	78	78	78	78	78	78	78	78	78	78	78	78	78
	本人(厚生年金)	159	120	120	120	120	120	120	120	120	120	120	120	120
	配偶者(国民年金金)		78	78	78	78	78	78	78	78	78	78	78	78
	配偶者(厚生年金)		5	5	5	5	5	5	5	5	5	5	5	5
⑦	雇用保険													
⑧	個人年金													
⑨	その他収入													
⑩	一時収入													
⑪	収入合計	337	381	381	381	381	381	381	281	281	281	281	281	281
⑫ Ⅱ支出	基礎生活費	266	266	266	266	266	266	266	266	266	266	266	266	266
⑬	教育費													
⑭	住居費(家賃・ローン等)	10	10	10	10	10	10	10	10	10	10	10	10	10
⑮	生命保険料・損害保険料	10	10	10	10	10	10	10	10	10	10	10	10	10
⑯	その他支出	30	30	30	30	30	30	30	30	30	30	30	30	30
⑰	一時支出	0	0	0	100	50	0	0	0	0	0	0	0	0
⑱	支出合計	316	316	316	416	366	316	316	316	316	316	316	316	316
⑲	年間収支(Ⅰ－Ⅱ)	21	65	65	－35	15	65	65	－35	－35	－35	－35	－35	－35
⑳	貯蓄残高	1,820	1,885	1,950	1,915	1,930	1,995	2,060	2,025	1,990	1,955	1,920	1,885	1,850

あとがき

人々のライフスタイルは多様化しています。働き方も多様化しています。そして，老後期間はますます長期化しています。そのような中，老後生活の柱であり基本である公的年金に対しては，若年層を中心に不安や誤解が根強くあることから，公的年金の意義や役割を正確に知ってもらい，そして誤解を解くためにはどうすべきかということは課題です。また，公的年金は老後の生活のすべてを保障するものではないため，これからの時代，老後の生活設計を考えるうえで，より広い視野を持ち，働けるうちは働くことはもちろん，公的年金以外についても，企業年金や個人年金といった私的年金，生きがいを含めた生活設計や老後資金の備えといったところまで知識を深めることが大切になります。

社労士は，民間における年金の専門家です。これは，以前に日本年金学会でも発表させていただいたことですが，様々な場面で，相談や説明を行う情報発信の担い手としては，理想は，あらゆる角度から年金を語れる知識を持つことだと考えます。年金の専門家として，高度でかつ幅広い知識をもち，どんなアドバイスも正確に行うことができるよう私自身も研鑽を積んでいきたいと思っております。

最後に，本書の出版や研修開催にあたり大変お世話になった全国社会保険労務士会連合会顧問大西健造先生，研修立ち上げ時にも大変お世話になった全国社会保険労務士会連合会名誉会長大槻哲也先生，本書の出版にあたり大変お世話になりご協力いただいた全国社会保険労務士会連合会会長大野実先生，本書の出版及び毎年の研修の実施にあたりいつもお世話になっている全国社会保険労務士会連合会社会保険労務士総合研究機構所長村田毅之先生及び職員の方々に厚く感謝申し上げます。

編著者　**原　佳奈子**

■編著者紹介

原　佳奈子（はら　かなこ）　編集統括
はじめに，第Ⅰ部第１章・第２章・第４章，第Ⅱ部第１章・第６章，第Ⅲ部第１章，第Ⅳ部第１章・第３章，あとがき

全国社会保険労務士会連合会　社会保険労務士総合研究機構　公的年金制度及び周辺知識に関する研修制度構築PTプロジェクトリーダー兼講師。
上智大学卒業。大手企業勤務の後，1998年社会保険労務士登録，その後開業。現在は，講演・執筆業務を行うほか，幅広い業界で，企業研修企画・教育体系構築などのコンサルティング業務に携わる。１級ファイナンシャル・プランニング技能士（CFP®），１級DC（企業年金総合）プランナー。早稲田大学大学院政治学研究科 公共経営修士（専門職）。日本年金学会幹事（役員）。社会保障審議会年金部会委員など。

■著者紹介

川端　薫（かわばた　かおる）　第Ⅲ部第３章，第Ⅳ部第４章

公的年金制度及び周辺知識に関する研修講師。
青山学院大学卒業。大手生命保険会社にて，個人・法人向け生命保険募集，営業職員・新入社員教育に従事，社内外向け各種セミナーにおける講師として活動。2009年「川端薫社会保険労務士事務所」を開業。現在，社会保険労務士・ファイナンシャル・プランナーとして，企業・個人向け相談業務・コンサルティング業務・講演業務・執筆業務に従事。

望月　厚子（もちづき　あつこ）　第Ⅲ部第２章，第Ⅳ部第２章

公的年金制度及び周辺知識に関する研修講師。
中央大学卒業。2002年望月FP社会保険労務士事務所を開業。社会保険労務士，１級FP技能士，CFP®。個人及び法人の相談業務，新聞・雑誌等への執筆，各種セミナー講師を務めている。専門職後見人。

佐々木　裕子（ささき　ゆうこ）　第Ⅰ部第３章，第Ⅱ部第２章

第１回公的年金制度及び周辺知識に関する研修修了者。
佐々木社会保険労務士事務所を2007年に開業。金融機関や企業への年金セミナーや研修講師を務めている。特定社会保険労務士，１級DC（企業年金総合）プランナー，年金アドバイザー，キャリアコンサルタント（国家資格），産業カウンセラー。日本年金学会会員。

長﨑　明子（ながさき　あきこ）　第Ⅱ部第３章・第４章・第５章

第２回公的年金制度及び周辺知識に関する研修修了者。
アキ社会保険労務士事務所代表。特定社会保険労務士，ファイナンシャル・プランナー（AFP），年金アドバイザー，キャリアコンサルタント（国家資格）。顧問先企業の人事労務支援のほか，書籍等の執筆，企業研修・学校教育等にも従事。年金教育，キャリア・ライフプランに関する教育など，教育活動にも力を入れている。

社労士さんに聞いた年金と老後とお金の話

2019年12月10日　第1版第1刷発行

監修者　全国社会保険労務士会連合会
編著者　原　佳奈子
発行者　山本　継
発行所　㈱中央経済社
発売元　㈱中央経済グループパブリッシング

〒101-0051　東京都千代田区神田神保町1-31-2
電話 03 (3293) 3371 (編集代表)
03 (3293) 3381 (営業代表)
http://www.chuokeizai.co.jp/
印刷／㈱堀内印刷所
製本／㈲井上製本所

ISBN 978-4-502-32101-6　C3032